논·술·세·계·대·표·문·학

34

# 세계 대표 명시선

김옥란 엮음

**H** 훈민출판사

천재 시인 랭보

어린이들과 함께한 40대의
발레리

*The Best World Literature*

음유 시인 베를렌의 초상화

프랑스의 시인 보들레르

말라르메의 초상화 – 인상파 화가 마네가 그린 것이다.

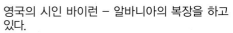
영국의 시인 바이런 – 알바니아의 복장을 하고 있다.

릴케의 묘

아폴리네르의 모습

미라보 다리의 전경

독일의 시인 릴케

워즈워스가 죽기 전에
살았던 집

*The Best World Literature*

부인과 함께한 워즈워스

키츠의 초상화

## 구인환(丘仁煥)

서울대학교 사범대학 졸업. 동 대학원 졸업(문학박사)
서울대학교 명예교수, 소설가(현). 서울대학교 사범대학 국어교육연구소 소장(현)
문학과문학교육연구소 소장(현). 국제펜 한국본부 부회장(현)
한국소설문학상(1987). 예술문화대상(1994). 한국문학상(2000)
작품 〈숨쉬는 영정〉, 〈살아 있는 날들〉, 〈일어서는 산〉 외 다수

- **저서** 《한국단편소설의 이해》, 《한국현대소설의 비평적 성찰》,
  《고교생이 알아야 할 소설》, 《고교생이 알아야 할 세계단편소설》 외 다수

## 윤병로(尹柄魯)

성균관대학교 국어국문학과 졸업. 동 대학원 졸업(문학박사)
성균관대학교 교수, 문학평론가(현). 한국현대소설학회장(현)
한국문예학술저작권협회 이사(현). 한국간행물윤리위원회 위원(현)
한국펜 문학상(1987). 한국문학상(1988). 대한민국문학상(1989)
수필집 《나의 작은 애인들》 외 다수

- **저서** 《현대 작가론》, 《한국 현대 소설의 탐구》,
  《한국 근대 작가 작품 연구》, 《한국 현대 작가의 문제작 평설》 외 다수

## 홍성암(洪性岩)

고려대학교 국어국문학과 졸업. 한양대학교 대학원 국어국문학과 졸업(문학박사)
동덕여자대학교 교수, 소설가(현). 한국문인협회 회원(현)
한국소설가협회 이사(현). 국제펜 한국본부 소설분과 이사(현). 한민족 문화학회 회장(현)
창작집 《큰 물로 가는 큰 고기》, 《어떤 귀향》 외
대하역사소설 《남한산성》 (전9권) 외 다수

- **저서** 《문학의 이해》, 《현대 작가론》, 《한국 근대 역사소설 연구》 외 다수

기
획
·
감
수

프루스트의 초상화

# 논술 *세계대표문학*을 펴내며

21세기의 사회는 '**전자 문명 시대**'라 일컬어질 만큼 오늘날 전자 산업은 우리 생활의 거의 모든 분야에 다양하게 응용되고 있습니다. 출판 분야 또한 예외는 아니어서, 종래의 서책(Book) 대신에 이른바 '전자책(CD-ROM)'의 출간이 최근 들어 날로 증가하고 있습니다.

그러나 이러한 전자책은 영상 또는 모니터상으로 흥미 위주나 백과사전식 지식을 습득하는 데는 효과적일지 모르지만, 문학 공부를 위해서는 별로 도움이 되지 않습니다. 바꾸어 말하면, 문학 공부는 각 지면마다 살아 숨쉬는 표현 하나하나를 독자 자신의 머리로 음미하면서 작품을 읽어 나가는 가운데, 풍부한 상상력의 배양과 함께 작가의 의도와 그 작품의 내면을 깊이 있게 이해함으로써 이루어지는 것입니다.

이에 훈민출판사에서는, 자라나는 학생들이 범람하는 영상 매체에 길들여지기 전에, 어려서부터 유명한 세계문학 작품들을 책자를 통하여 감명 깊게 읽고 감상함으로써, 올바른 문학 공부의 기틀을 다지고, 아울러 전인 교육도 할 수 있도록 《논술 세계대표문학(전60권)》을 펴내게 되었습니다.

작품 선정은, 초·중·고등학교 국어 교과서와 역사 교과서에 실리거나 소개된 문학 작품을 중심으로 하되, 그리스 신화와 성경 이야기 등의 고전에서부터 중세·근대·현대에 이르기까지 세르반테스·셰익스피어·톨스토이 등 세계 유명 작가들의 장·단편 소설들을 엄선·수록하였습니다. 또 세계의 명시도 별권으로 엮었으며, 특히 각 단락마다 '**논술 문제**'를 제시하여, 장차 대학입시를 비롯한 각종 '논술 고사'에 예비 지식을 쌓을 수 있도록 배려하였습니다. 아무쪼록, 이 《논술 세계대표문학(전60권)》이 자라나는 학생들에게 문학 공부의 주춧돌이 되고, 나아가 미래를 살아가는 데 **정신적 자양분**이 되기를 진심으로 바라 마지않습니다.

훈민출판사

# 차례

세계 대표 명시선

비 용 Francois Villon

1431~1463년. 프랑스의 시인. 유럽 중세 말기의 혼란 속에 프랑스 파리에서 태어나, 괴로움에 가득찬 인간 사회와 자기 내부를 노래한 시인이다. 걸작으로 평가받는 작품 〈유언서〉는 어두운 시대 속에서 시대의 무거운 짐을 질 수밖에 없었던 시인의 마음을 그리고 있다.

## 옛 미녀를 노래하는 발라드

내게 말하라, 어느 나라 들판에
로마의 미녀 플로라[1]는 있는가.
아르키피아데스[2]와 또한 타이스[3]는
그 아름다움에서 한 핏줄의 자매니라.
강물의 언저리나 연못가에서
부르면 대답하는 메아리 에코,
그렇게 아름다운 것 세상에 없느니
오오, 옛 미인들은 어디에 있는가.

지금 어디 있는가, 지성 높은 엘로이즈[4]
그녀 탓에 아벨라르는 남성을 잃고[5]
생드니에서 수도승이 되었나니
사랑 때문에 당해야 했던 괴로움이어라.
지금 어디 있는가, 뷔리당[6]을
자루에 집어넣고
센 강에다 던지라고 명령한 여왕님은.[7]
오오, 옛 미인들은 어디에 있는가.

인어 같은 목소리로 아름답게 노래하던
백합 같은 흰 얼굴의 블랑슈 태후,[8]
발이 큰 베르트 공주,[9] 비에트리스[10] 그리고 알리스,[11]
멘 고을 다스리던 아랑뷔르지스
루앙에서 영국인이 화형에 처한
로렌의 위엄 있는 잔,[12] 이 여인들은
지금 어디 계신가, 성모님은 아시는가.
오오, 옛 미인들은 어디 있는가.


노래하는 그대여, 내가 말한 미인들이
어디로 갔는지 묻지 말아라.
가락 없이 후렴만 되풀이하자.
오오, 옛 미인들은 어디 있는가.


🔍 주요 풀이  1) 첫째 미인은 꽃의 여인, 둘째 미인은 폼페이우스가 사랑했던 창
녀, 셋째 미인은 유베나리스의 풍자시(유베나리스 지음)에 나오는
아름다운 창녀임.
2) 소포클레스가 사랑했던 아르키파인 듯.
3) 알렉산더의 정부, 혹은 이집트의 성녀로 원래가 창녀였던 여자.
4) 스승 아벨라르와 사랑에 빠진 미녀. 뒤에 수녀가 됨.
5) 아벨라르는 원수의 습격을 받아 성기를 잃고 말았다.
6) 철학자. 음탕한 여왕을 곯려 주었다고 전해짐.
7) 젊은 남자를 유혹한 뒤 죽었다는 전설상의 여왕.
8) 루이 6세의 어머니.
9) 샤를마뉴 대왕의 전설적인 어머니.
10) 루이 8세의 아들인 샤를의 처.
11) 루이 7세의 세 번째 아내.
12) 잔 다르크(1412~1431).

1524~1585년. 프랑스 르네상스 최대의 시인. 프랑스 시를 혁신한 공로자로서, 프랑스의 '시왕'으로도 불렸다. 〈엘레네에게 보내는 소네트〉가 발표되었을 때, 롱사르와 그의 연인 엘레네의 관계는 끝난 뒤였다고 한다. 하지만 엘레네를 향한 사랑을 노래한 소네트는 롱사르의 이름을 영원히 남게 하였다.

## 엘레네에게 보내는 소네트

늙음이 찾아온 어느 저녁 등불 아래서
난롯가에 앉아 실을 풀어 베를 짜면서
내 노래를 읊으며 그대는 놀라 말하리.
"지난날 나를 노래한 이는 롱사르."

그럴 때, 이미 피곤에 지친 눈시울은
졸음에 겨워 모르는 새에 감기다가도
롱사르라는 영광스러운 이름을 들으면
놀라게 되리라, 자랑스러운 이름이여.

내 이미 묻혀 뼈조차 삭은 망령 되어
미르토 나무 그늘에 편히 쉴 적에
그대는 노파되어 난롯가에 있으리.

내 사랑 거절한 교만을 그대 뉘우치리
살아라, 나를 믿거든 내일을 믿지 마라.
주저 말고 오늘 꺾어라, 생명의 장미를.

## 마리의 사랑

일어나라, 요 귀여운 게으름뱅이
종달새 노랫소리 벌써 하늘에 높고
찔레꽃 위에 앉아 꾀꼬리도
지저귀고 있지 않니, 정다운 노래를.

자! 일어나 진주 맺힌 풀잎을 보러 가자.
봉오리 관을 쓴 장미나무랑
엊저녁에 네가 정성스레 물을 준
예쁜 패랭이꽃들을 보러 가자.

어젯밤 잠들 땐 오늘 아침에
나보다 먼저 깬다고 맹세했었지.
그러나 예쁜 소녀에겐 곤한 새벽잠

감길 듯한 눈엔 아직도 단잠이 가득하구나.
자아, 자! 네가 어서 일어나도록
눈이랑 젖꼭지에 뽀뽀해 주마.

# 라 퐁텐 Jean de La Fontaine

1621~1695년. 퐁텐은 프랑스 인이면 누구나 초등학교 때부터 애독하는 우화시 240편
을 남긴 고전주의 시대의 시인이다. 유복한 부르주아 집안에서 태어난 그는 관직과 아
내를 버리고 자유분방한 생활을 즐기려고 파리로 나와, 문학에 심취하여 불후의 명작
《우화시집(Les Fables)》을 내놓았다.


## 노인과 세 청년

여든 살 노인이 나무를 심었다.
'집을 짓는다면 몰라도, 그 나이에 나무를 심다니.'
이웃의 세 청년이 말했다.
정말 노인은 노망이 들었다.
'왜냐하면, 제발 너희들이 해보지,
이 수고의 어느 열매를 너희들이 거둘 수 있을까?
족장만큼이나 너희들이 늙어야 할 텐데
인생을 너희 것도 아닌 앞날에 대한 걱정으로
채워 보았자 무슨 소용이 있을까?
이제부터는 예전의 과오밖에는 생각지 마라.
그 오랜 희망과 막연한 생각을 거침없이 버려라.
이것은 우리에게 해당되는 것,
너희에게만 해당되는 게 아니지.'
노인은 다시 일을 계속했다.
이룸은 늦게 오지만, 오래가지 못한다.
'운명의 여신은 창백한 손으로
너와 나의 앞날을 똑같이 가지고 논다.

우리의 종말은 짧다는 점으로 비슷해
우리들 중의 그 누가 맨 마지막으로
푸른 하늘의 광명을 즐길 수 있을까?
단 일초라도 너희 것이라는 믿음을 주는 순간이 있을까?
내 자손들이 즐길 이 나무 그늘은 내 덕분이지.
그래, 너희들은
현인이 남들의 즐거움을 배려해 주는 것을 금하고 있지.
이것도 오늘 맛보는 과일이야.
내일도 난 그걸 즐길 수 있고, 앞으로도 그렇지.
나는 이제 너희들 무덤 위에 비치는 새벽빛을 헤아릴 수 있어.'
노인은 옳았다.
세 청년 중 하나는
아메리카로 가다가 항구에서 익사했고,
다른 하나는 출세하기 위해
공화국 군대에 입대했으나
예기치 못한 사고로 죽었다.
세 번째 청년은 그 자신이 접목하려던 나무에서 떨어졌다.
그래서 노인은 눈물을 흘리며,
대리석 위에 새겨 놓았다.
지금의 이 이야기를.

## 라마르틴 Alphonse de Lamartine

1790~1869년. 프랑스 시인. 부르고뉴의 마콩 출생. 리옹과 베레에서 학교를 마친 뒤 1819년 엑스 레 방에서 '검은 머리와 아름다운 눈을 지닌' 줄리 샤를 부인을 만난다. 줄리 샤를 부인에 대한 정열적인 그리움을 〈호수〉, 〈고독〉, 〈골짜기〉, 〈가을〉, 〈저녁〉 등 24편의 시에서 노래하였고, 그것을 담은 처녀 시집 《명상시집》을 펴냈다.

# 호 수

이렇게 늘 새로운 기슭으로 밀리며
영원한 밤 속에 실려가 돌아오지 못하고
우리, 단 하루라도 넓은 세월의 바다 위에
닻을 내릴 수는 없는 것일까?
오오, 호수여!
세월은 한 해의 운행조차 못했는데
그녀가 다시 보아야만 할 정다운 이 물가에
보라, 그녀가 전에 앉아 있던 이 돌 위에
나 홀로 앉아 있노라!
그때 너는 바위 밑에서 흐느끼었고
그때 너는 바위에 부딪혀 갈라지면서
그때도 너는 물거품을 내던지고 있었다.
사랑스런 그녀의 발에.

그날 저녁의 일을 그대 기억하는가.
우리 말없이 노를 저을 때 들리는 것은
이 지상에서 오직 조화롭게 물결 가르는

우리의 노 젓는 소리뿐이었다.

갑자기 이 세상의 소리 같지 않은 목소리가
먼 둔덕 기슭으로부터 울려 왔느니
물결은 갑자기 고요해지고 그윽한 소리는
내게 이런 말을 들려주었다.

"오, 시간이여, 운행을 멈추고
너 행복한 시절이여, 흐름을 멈추라!
우리네 인생의 가장 아름다운 날들로
덧없는 기쁨이나마 맛보게 하라.

수많은 불행한 이들이 너를 기다리느니
시간이여, 그들을 위해 빨리 가거라.
그들의 불행도 시간과 함께 앗아 가고
행복한 사람일랑 잊어다오."

이 잠시의 유예나마 바람은 쓸데없는 일
시간은 나를 비껴 자꾸만 달아나고
나는 밤을 향해 "천천히 밝아라" 말했으나
새벽은 서둘러 와 밤을 쫓는다.

"사랑하리라, 사랑하리라! 덧없는 시간이니
이 짧은 시간을 어서 즐겨야지.
사람에겐 항구가 없고, 시간엔 기슭이 없느니

시간은 흐르고 우리는 사라지네!"

시샘 많은 시간이여,
사랑에 겨운 이 순간
우리에게 행복을 안겨 주는 이 도취의 순간도
저 불행의 날처럼 우리로부터 빠르게
멀리 날아가야만 하는 것인가?

뭐! 도취의 흔적조차 남겨 둘 수 없다고?
뭐, 영원히 갔어? 뭐라고! 사라졌다고?
도취를 주었던 이 시간, 또 지우는 이 시간이
다시는 돌려지지 않을 것인가?

영원, 허무, 과거, 또한 어두운 심연이여,
너희가 삼킨 날들을 어찌하려 하는가?
말하라, 우리에게서 빼앗아 간 지상의 도취를
언제면 우리에게 돌려주려나?

오, 호수, 말없는 바위, 동굴, 검은 숲이여!
때에 따라 변치 않고 다시 젊어지는 그대들이여
이 밤을 간직하라, 아름다운 자연이여
이 추억만이라도 간직해 다오!

아름다운 호수여, 그대의 휴식이든 폭풍 속이든
또한 그대의 미소짓는 언덕의 모습에서든

검은 전나무나 또한 바위 위에 뾰족 솟은
이 거친 바위 속에서든 간에!

살랑살랑 부는 산들바람 속에서든지
메아리치는 호숫가의 그 노래 속에서든지
그대 수면을 부드러운 빛에서 희게 물들이는
은빛 이마의 별 속에든지!

흐느끼는 바람, 한숨짓는 갈대
호수의 향긋하고 가벼운 향기
듣고 보고 숨쉬는 모든 것이 속삭이리니
"그들은 서로 사랑하였느니라!"

## 네르발 Grard de Nerval

1808~1855년. 20세기 들어 프랑스 제1의 서정시인이라 평가받는 시인이다. 파리에서 태어난 그는 1827년 괴테의 《파우스트》를 번역해 문단에 데뷔했고, 꿈과 현실이 뒤섞인 창작 기법을 선보였다. 12편의 소네트로 구성된 《환상시편(1854)》이 가장 유명하다.

# 환  상

그 곡을 위해서라면 나는 모든 것을 버리리니,
로시니도 모차르트도 그리고 베버도.
활기 없고 아주 오래된 그 곡은
내게만은 은밀한 매력을 풍기고 있다.

때문에 그 곡을 들을 때마다
나의 영혼은 200년씩이나 젊어진다.
루이 13세 시대……. 내게는 보이는 듯하다.
석양이 황금빛으로 물들인 푸른 언덕이 펼쳐지는 것을.

그리고 벽돌로 둘레를 쌓은 성벽,
붉은 색깔로 물든 스테인드글라스의 창,
커다란 공원으로 둘러싸여 성의 발목을 적시며
시냇물은 꽃들 사이를 흘러간다.

검은 눈동자를 가진 금발의 한 귀부인이
옛날 의상을 걸치고 높다란 창가에 서 있다.
모름지기 전생에서 이미 보았고,
지금 내 환상 속에 되살아난 여인이어라!

**뮈 세** Alfred de Musset

1810~1857년. 프랑스의 시인이자 극작가. 1830년에 첫 시집 《에스파냐와 이탈리아의 콩트》를 출판한 이래 많은 작품을 발표하였다. 주요 작품으로 희곡 〈로렌차초〉와 〈밤〉 이라는 시가 있다.

# 회 상

보면 눈물이 흐를 줄 알면서
나는 여기 왔노니.
영원히 성스러운 장소여, 괴로움을 각오했는데도
오오, 더할 나위 없이 그립고 또한 은밀하게
회상을 자아내는 그리운 곳이여!

그대들은 왜 이 고독을 만류했는가.
친구들이여, 왜 내 손을 잡으며 만류했는가.
정겨운 오랜 습관이 이 길을 걸어가라고
나에게 가르쳐 주었던 때에.

여기였다, 이 언덕, 꽃피는 히스의 풀밭
말없는 모래밭에 남아 있는 은빛으로 빛나는 발자취
사랑 어린 오솔길엔 속삭임이 넘쳤고
그녀의 팔은
나를 힘껏 끌어안고 있었다.

여기였다, 이 초록색 잎사귀 우거진 떡갈나무 숲,

굽이굽이 이 깊은 협곡
이 야생의 친구들, 옛날 그들의 속삭임에
마음 하느작이던 아름다운 나날.

여기였다, 이 숲속, 지금도 걸으면 청춘은
발자욱 따라 한 떼의 새처럼 계속 노래한다.
매혹의 땅이여, 아름다운 황야, 연인들의 산책길이여,
나를 기다리고 있지 않았던가?

아아! 흐르는 대로 내버려 두고 싶은
아직 상처 치유되지 않은 마음에서 흘러내리는 이 눈물!
사정 보지 말고 그대로 멈추게 하라,
나의 눈에 옛날을 숨겨 주는 이 너울!

내 행복을 지켜보는 이 숲의 메아리 속에
애석한 마음을 외치러 온 것은 아니다.
아름답고 고요한 이 숲이 자랑스러울 때
내 마음 역시 자랑스러운 것이다.

견디기 힘든 슬픔에 몸과 마음을 맡길지니
친구의 무덤 앞에 꿇어앉아 기도하는 사람이라면.

## 보들레르 Charles-Pierre Baudelaire

1821~1867년. 프랑스의 시인. 1845년, 미술평론가로 등단한 보들레르는 포의 작품을 뛰어난 번역으로 완성했으며, 1857년에 처음이자 마지막 시집인 《악의 꽃》을 출판했으나, 미풍양속을 해친다는 이유로 벌금이 과해졌다. 그는 프랑스 상징파 시인들에게 큰 영향을 끼쳤으나, 죽은 지 100여 년이 지나서야 그의 문학적 가치가 높이 평가되었다.

# 가을의 노래

## 1

이윽고 우리는 가라앉을 것이다, 차디찬 어둠 속으로
너무나도 짧은 우리의 여름날,
그 강렬한 밝음이여, 안녕히!
불길한 충격을 전하며 안마당 돌 블록 위에
던져지고 있는 모닥불 타는 소리를 나는 벌써 듣는다.[1]

이윽고 겨울이 나에게 돌아오리니,
분노와 증오와
전율과 공포와 강제된 쓰라린 노고,
그리고 북극의 지축에 걸린 태양과 같이
나의 심장은 이제 붉게 언 덩어리에 지나지 않게 되리라.

던져지며 떨어지는 장작더미 하나하나를 나는 떨면서 듣노니
세워진 단두대의 울음조차 이렇듯 둔탁하진 않다.
나의 정신은 성문을 파괴하는 무거운 쇠망치로 얻어맞고
허물어지는 성탑과도 같아라.

이 단조로운 충격에 내 몸은 흔들리어
어디선가 관에다 서둘러 못질하고 있는 듯하다.
누구를 위하여?
어제는 여름이었으나 이제는 가을!
이 정체를 알 수 없는 소리는 어디엔가 문 밖에
나서기를 예고하고 있는 듯하다.


2
나는 사랑한다, 네 기다란 눈, 그 아름다운 초록빛을.
상냥하고 아름다운 사람이여,
이제 내게는 모든 것이 흥미 없다.
그 어떤 것도, 그대의 사랑도 침실도 또 난로도
해변에 빛나는 태양보다 낮게 생각되지 않는다.


그래도 부드러운 사람이여! 역시 나를 사랑해 주오.[2]
비록 내가 은혜를 모르는 심술쟁이라도
내 어머니가 되어 주오.
연인이면서 누이동생이기도 한 사람이여,
비록 순식간에 사라질지도 모르나
석양의 부드러움, 빛나는 가을의 부드러움이 되어 다오.[3]


얼마 남지 않은 노력!
무덤이 기다리고 있나니
탐욕스러운 무덤이다!

아아! 당신의 무릎에 나의 이마를 기댄 채
한껏 잠들게 해 다오, 백열의 여름을 그리워하며
만추의 날 그 부드러운 황색 광선 속에서!

주요 풀이　1)당시 파리 생활에서는 10월이, 다가오는 겨울에 대비해서 장작을
　　　　　 저장하는 준비의 달이었다. 수레에 실린 장작이 안마당 돌 블록
　　　　　 위에 던져지는 소리가 들리는 것이다.
　　　　　2)초록눈의 미인으로서 여기에 노래되고 있는 것은 보들레르가 그
　　　　　 무렵 누이동생처럼 또는 어머니처럼 사랑했던 여배우 마리 도브
　　　　　 랑이다.
　　　　　3)보들레르가 바다에 비치는 태양이나 석양의 아름다움에 빠져든
　　　　　 것은 그의 어머니가 머물고 있던 영국 해협의 옹프루르 해안에서
　　　　　 이다.

# 신천옹

흔히 뱃사공들은 장난삼아
크나큰 바다의 새 신천옹을 잡지만
깊은 바다에 미끄러져 가는 배를 뒤쫓는
이 새는 나그네의 한가로운 벗이라.

갑판 위에 한번 몸이 놓여지면
이 푸른 하늘의 왕은 서투르고 수줍어
가엾게도 그 크고 하얀 날개를
마치 옆구리에 노처럼 질질 끈다.

날개 돋친 이 길손, 얼마나 어색하고 기죽었는가!
멋진 모습 어디 가고, 이리 우습고 초라한가!
어떤 이는 파이프로 그 부리를 지지고
어떤 이는 절름절름 날지 못하는 병신을 흉내낸다.

시인 또한 이 구름의 왕자와 비슷한 존재,
폭풍 속을 넘나들고 포수를 비웃지만
땅 위에 추방되면 놀리는 함성 속에
그 크나큰 날개는 오히려 걸음을 막고 만다.

## 프뤼돔 Sully Prudhomme

1839~1907년. 프랑스의 시인. 우아하고 분석적인 기법으로 내면세계에 파고들어, 고답파 시인들 중에서도 이색적이라는 평가를 받고 있다. 프뤼돔은 특히 애가를 많이 남겼다. 《시련》, 《고독》, 《헛된 애정》 등의 시집을 통하여 자신의 괴로움과 비애를 노래했으며, 우주와 인생의 수수께끼를 풀고자 노력했다.

# 눈

사랑받던 고운 눈,
파란 눈 까만 눈,
무수한 눈들이 새벽빛을 보았다.
이제 그 눈들은 무덤 깊이 잠들었지만,
태양은 여전히 솟아오른다

낮보다도 더욱 다정한 밤들이,
무수한 눈들을 호렸었다.
별은 지금도 밤하늘에 반짝이지만,
눈들은 어둠에 가득 차 있다.
오! 그 많은 눈들이 멀었다니,
아무래도 믿어지지 않는 일!
그 눈들은 다만 어느 다른 곳
안 보이는 세계로 돌려졌겠지.
그래서 지는 별들이 우리의 눈을
떠나서도 그냥 하늘에 머무르듯이,
눈동자들도 비록 어딘가로 사라졌으나,

죽었다는 건 아무래도 거짓말.

사랑받던 고운 눈,
파란 눈 까만 눈,
감겨진 눈들이 지금도 사뭇,
무덤 저쪽에서 그지없이 큰
새벽빛에 다시 감긴 눈을 뜨고 있다.

## 사랑의 가장 좋은 순간

사랑의 가장 좋은 순간은
'너를 사랑한다'고 말한 때는 아니다.
그것은 어느날이고 깨뜨리다 만
침묵 바로 그 속에 있는 것.

그것은 마음의 잽싸고도 남모를
은근한 슬기 속에
깃들인 것.

## 말라르메  Stéphane Mallarmé

1842~1898. 프랑스 시인. 20세 때 영어를 배우고, 에드거 앨런 포의 작품을 읽기 위해 영국에 건너가, 거기서 독일인 여교사와 결혼하였다. 이 시는 보들레르의 〈악의 꽃〉, 발레리의 〈젊은 파르크〉와 더불어 프랑스 시의 극치를 이루고 있다. 그의 상징적 기법은 후기 작품에 더욱 강조되며, 프랑스 시작의 정화로 높이 평가되고 있다.

## 바다의 산들바람

육체는 슬프구나, 아아, 나는 모든 책을 읽었다.
도망치자! 멀리 도망치자!
나는 미지의 물거품과
하늘 사이에서의 새들의 도취를 느낀다!
눈에 비치는 오랜 정원도 그 어떤 것도
바다에 잠긴 이 마음을 붙잡지 못하리니
오오 밤이여, 순백색이 지키는 텅 빈 종이를
흐릿하게 비추는 내 등불의 쓸쓸한 빛도
젖 먹이는 젊은 여인도 나를 붙잡지 못하리.

나는 떠나리라! 돛대를 흔드는 커다란 배여,
이국의 자연을 향해서 닻을 걷어 올려라.
권태는 가혹스러운 희망으로 번민하며
지금도 계속 손수건의 마지막 이별을 생각한다!
모름지기 돛대는 폭풍을 불러들여
바람에 쓰러지고 난파된 배 위에 그대로 무너지리니
배는 가라앉고, 돛대는 숨고, 돛대는 사라지고,

또한 풍요로운 섬도…….
하지만 나의 마음이여, 저 사공의 노래를 들어라!

# 백 조

순결하고 생기 있어라, 더욱 아름다운 오늘이여,
사나운 날갯짓으로 단번에 깨져 버릴 것인가.
쌀쌀하기 그지없는 호수의 두꺼운 얼음,
날지 못하는 날개 비치는 그 두꺼운 얼음을.

백조는 가만히 지난날을 생각한다,
그토록 영화롭던 지난날의 추억이여.
지금 여기를 헤어나지 못함은
생명이 넘치는 하늘 나라의 노래를 부르지 않은 벌인가.
이 추운 겨울날에 근심만 짙어간다.

하늘 나라의 영광을 잊은 죄로
길이 지워진 고민의 멍에로부터
백조의 목을 놓아라, 땅은 그 날개를 놓지 않으리라.

그 맑은 빛을 이 곳에 맡긴 그림자의 몸이여,
세상을 멸시하던 싸늘한 꿈 속에 날며,
유형의 날에 백조는 용의 옷을 입도다.

## 베를렌 Paul-Marie Verlaine

1844~1896년. 프랑스 시인. 머스 출생. 1866년에 처녀시집 《사튀르니앙 시집》을 간행하였다. 1870년 마틸드 모테와 결혼했으나, 아내를 버리고 랭보와 함께 영국과 벨기에 등지를 방랑하다가, 1873년에 권총으로 랭보를 쏘고 몬스 감옥에서 2년 동안 복역하였다. 수감생활 중에 가톨릭으로 귀의하여 생애의 걸작이라 할 수 있는 〈예지(1881)〉의 시상을 얻었다. 이 시는 베를렌의 생애 중 가장 행복했던 마틸드 모테와의 연애 시절에 창작된 것으로, 제3시집 《좋은 노래(1872)》에 수록되어 있다.

# 내 가슴에 비가 내리네
──마을에는 조용히 비가 내리네


마을에 비가 내리듯
내 가슴에도 조용히 비가 내리네.
내 가슴속에 스며드는
이 우울함은 무엇일까.


땅과 지붕 위에 내리는
부드러운 빗소리여,
우울한 가슴을 울리는
오, 비의 노래여.


슬픔으로 병든 이 가슴에
공연히 비가 내리네.
오 뭐라고, 배반이 아니라고?
이 슬픔은 이유가 없네.

이유를 모르는 건
가장 견디기 어려운 고통
사랑도 증오도 없지만
내 가슴은 고통으로 미어지네.

## 가을의 노래

가을날 비오롱의 서글픈 소리
하염없이 애타는 마음 울려 주누나

종소리 가슴 막혀
창백한 얼굴 지나간 날
그리며 눈물짓는다.

쇠잔한 나의 신세 바람에 불려
이곳 저곳 휘날리는 낙엽이런가.

## 랭보  Arthur Rimbaud

1854~1891년. 프랑스의 시인. 아르덴의 샤를르빌 출생. 군인의 아들로 태어난 미모의 천재이며 악동이었다. 그는 가톨릭 신자인 어머니에 의해 키워졌으나, 방랑벽 때문에 학업을 중단했다. 16~19세 때까지 불과 3년간의 문학활동을 통해 두 편의 시집 《취한 배》와 《지옥의 계절》로 불멸의 영예를 차지했다.
랭보는 눈에 보이는 세계 저 너머에 있는 심오한 우주의 신비를 발견하고, 그 신비의 빛을 옮겨 놓을 새로운 언어를 찾아냄으로써 인간 능력을 넘어선 듯싶은 완전한 계시의 표현을 창조했으며, 잠재의식의 세계를 시에 끌어들였다.

# 감 각

여름 아청빛 저녁, 보리가 쿡쿡 찔러대는
오솔길 걸어가며 잔풀을 내리밟으면,
마음은 꿈꾸듯 발걸음은 가볍고,
바람은 내 맨머리를 씻겨 주리니

아무 말 없이, 아무 생각 없이
가슴에는 한없는 사랑만 가득 안고
연인과 함께 가듯 행복에 겨워, 자연 속으로.

# 모 음

A는 흑색, E는 백색, I는 홍색, U는 녹색, O는 남색
모음이여, 네 잠재의 탄생을 언젠가는 말하리라.
A, 악취 나는 둘레를 소리내어 나는
눈부신 파리의 털 섞인 검은 코르셋.

그늘진 항구, E, 안개와 천막의 백색
거만한 얼음의 창날, 하이얀 왕자, 꽃들의 떨림
I, 주홍색, 토해낸 피, 회개의 도취런가.
아니면 분노 속의 아름다운 입술의 웃음이런가.

U, 천체의 주기, 바다의 푸른 요람,
가축들이 흩어져 있는 목장의 평화,
연금술을 연구하는 넓은 이마에 그어지는 잔주름살.

O, 기괴하고 날카로운 비명에 찬 나팔 소리려니,
온누리와 천사들을 꿰뚫는 침묵
오오, 오메가! 신의 시선의 보랏빛 광선이여.

## 지옥의 계절

지난날의 내 기억에 의하면,
나의 생활은 모든 마음에 활짝 열려 있고,
온갖 포도주가 넘쳐 흐르는 하나의 향연이었다.
어느 저녁, 나는 무릎 위에 미를 앉혔다.
때문에 나는 욕설을 퍼부었다.
나는 정의를 향하여 무장하였다.
나는 도망쳤다. 오 마녀들이여, 오 비참함이여,
오 증오여! 너희들에게 나는 나의 보물을 맡겨 놓았다.
나는 내 마음속에서 모든 인간적인 희망을 지우기에 이르렀다.
목 매어 죽이기 위해 모든 환락을 향하여,
나는 맹수처럼 소리없이 덤벼들었다.

1858~1915년. 프랑스의 시인. 노르망디 귀족의 가문에서 태어났으나, 어릴 때 천연두를 앓아 곰보가 되어 사교계에 나가지 않고 고독한 생애를 보냈다. 상징주의의 옹호자로서 활약하였고, 소설, 비평 등에도 뛰어난 업적을 남겼다.

# 낙 엽

시몬, 나무 잎새 떨어진 숲으로 가자.
낙엽은 이끼와 돌과 오솔길을 덮고 있다.

시몬, 너는 좋으냐? 낙엽 밟는 소리가.

낙엽 빛깔은 정답고 모습은 쓸쓸하다.
낙엽은 버림받아 땅위에 흩어져 있다.

시몬, 너는 좋으냐? 낙엽 밟는 소리가.

해질 무렵, 낙엽의 모습은 쓸쓸하다.
바람에 흩어지며 낙엽은 상냥히 외친다.

시몬, 너는 좋으냐? 낙엽 밟는 소리가.

발로 밟으면 낙엽은 영혼처럼 운다.
낙엽은 날개 소리와 여자의 옷자락 소리를 낸다.
시몬, 너는 좋으냐? 낙엽 밟는 소리가.

가까이 오라, 우리도 언젠가는 낙엽이니
가까이 오라, 밤이 오고 바람이 분다.

시몬, 너는 좋으냐? 낙엽 밟는 소리가.

# 눈

시몬, 눈은 그대 목처럼 희다.
시몬, 눈은 그대 무릎처럼 희다.

시몬, 그대 손은 눈처럼 차갑다.
시몬, 그대 마음은 눈처럼 차갑다.

눈은 불꽃의 입맞춤을 받아 녹는다.
그대 마음은 이별의 입맞춤에 녹는다.

눈은 소나무 가지 위에 쌓여서 슬프다.
그대 이마는 밤색 머리칼 아래 슬프다.

시몬, 그대 동생인 눈은 안뜰에 잠잔다.
시몬, 그대는 나의 눈, 또한 내 사랑.

## 잠　Francis Jammes

1868~1938. 프랑스의 시인. 최초의 시집을 말라르메와 지드에게 보낸 것을 계기로 그들과 평생의 우정을 맺었다. 지드와의 서너 차례 여행을 제외하면 자신이 태어난 마을에서 떠나본 적이 없는 잠은 전원을 즐겨 노래했으며, 1906년 이후에는 클로델의 영향으로 종교적 색채를 띠게 되었다. 초기 시집은 〈새벽의 안젤류스에서 저녁의 안젤류스〉 등이 있고, 후기 시집으로는 〈하늘 속의 빈터〉 등이 있다.

# 애 가

　　——"내 사랑아" 너는 말했다.
　　——"내 사랑아" 나는 말했다.


　　——"눈이 온다." 너는 말했다.
　　——"눈이 온다." 나는 말했다.


　　——"좀더, 좀더" 너는 말했다.
　　——"좀더, 좀더" 나는 말했다.


　　——"이렇게, 이렇게" 너는 말했다.
　　——"이렇게, 이렇게" 나는 말했다.


그런 뒤, 너는 말했다.
　　——"난 네가 참 좋아."


그리고 나는 말했다.

——"난 네가 더 좋아."

——"여름은 갔어." 너는 말했다.
——"가을이 왔어." 나는 답했다.

그리고 난 뒤 우리의 말은
처음처럼 비슷하지는 않았다.

마지막에 너는 말했다.
——"사랑아, 네가 좋아."

해맑고 숭고한 가을날의
화려한 저녁빛을 받으며.

그 말에 나는 말했다.
——"다시 한번 말하렴."

1871~1945년. 프랑스의 시인. 발레리의 시는 시혼과 비판적 지성의 결합을 보여 주며, 프랑스 시가의 하나의 궁극이라고 할 수 있다. 그러나 그의 시는 너무 어렵다는 평가를 받는 반면, 산문에서는 많은 사람들의 사랑을 받았다. 주요 작품으로 〈젊은 파르크〉, 〈해변의 묘지〉, 〈매혹〉 등이 있다.

## 해변의 묘지

내 넋이여, 영생을 바라지 말고 가능의 영역을 파고들라.
——핀다로스 《승리의 축가》


비둘기들이 노니는 저 조용한 지붕이,
소나무들 사이, 무덤들 사이에 꿈틀거리고,
올바름인 정오가 거기서 불꽃을 가지고
바다를 만든다, 쉼없이 되살아나는 바다를!
오, 신들의 고요에 쏠린 얼마나 오랜 시선
한 줄기 생각 끝에 오는 보수!


잘다란 섬광들의 순수한 노력이 얼마나
잘디잔 거품의 무수한 금강석을 태워 없애는가,
또 얼마나 아늑한 평화가 잉태되는 것 같은가!
하나의 태양이 심연 위에 쉴 때는
영원한 원인이 낳은 두 가지 순수 작품,
시간은 반짝이고, 꿈은 바로 인식이로다.

굳건한 보배여, 미네르바의 조용한 신전이여,
고요의 더미여, 눈에도 보이는 저장이여,
눈살 찌푸린 물이여, 불꽃의 베일 아래
그 많은 잠 속에 간직하는 눈이여,
오, 나의 침묵! ……. 넋 속의 건축이여,
그러나 기왓장도 무수한 황금 꼭대기 지붕이여!

단 하나의 한숨으로 줄어드는 시간의 신전이여,
이 순수한 지점에 나는 올라가 익숙해진다.
바다를 내다보는 나의 시선에만 둘러싸여서,
그리고 신들에게 바치는 나의 최고의 제물인 양,
맑은 반짝임이 더할 나위 없는 경멸을
바다 깊이 뿌려 댄다.

과일이 즐거움 되어 녹아들듯이,
제 모습이 죽어가는 어느 입 속에서
과일이 제 부재를 기쁨으로 바꾸듯이,
나는 여기서 미래의 내 연기를 들이마시고,
하늘은 타 없어진 넋을 노래해 준다.
웅성대는 해변들의 변화를.

아름다운 하늘, 참된 하늘아, 변하는 나를 보라!
그 숱한 자만 끝에 이상야릇하면서도
능력이 넘치는 그 숱한 무위 끝에 나는,
이 빛나는 공간에 몸을 내맡기고,

내 그림자는 죽은 이들의 집과 집을 지나가며
제 가냘픈 움직임에 나를 길들인다.

넋은 중천의 횃불에다 내맡기고 나는,
너를 지탱한다, 사정 없는 화살을 지닌
빛의 탄복할 만한 올바름이여!
나는 너를 깨끗이 물려준다, 너의 첫 자리로.
너 자신을 바라보라! …… 한데 빛을 돌려주면
그림자의 어두운 반쪽도 따르게 마련.

오, 나만을 위해, 나에게만, 나 자신 속에서,
하나의 마음 곁에서, 시의 샘물들에서,
공허와 순수한 결말 사이에서,
나는 기다린다, 나의 위대한 내면의 메아리를,
항상 미래에 오는 공허한 영혼 속에서 울리는,
씁쓸하고 어둡고 소리 잘 나는 우물을!

너는 아는가, 잎가지들의 가짜 포로여,
이 앙상한 철책을 갉아먹는 물굽이여,
감겨진 내 눈 위의 눈부신 비밀들이여,
어떤 육신이 저 게으른 종말로 나를 끌고 가는가를,
어떤 이마가 그 육신을 이 피투성이 땅으로 끌어당기는가를?
한 가닥 섬광이 거기서 나의 부재자들을 생각한다.

물질 없는 그런 불로 가득 차, 빛에 바쳐진,

막히고, 거룩한 대지의 조각, 횃불들이 다스리는 곳,
금빛과 돌과 침침한 나무들로 이루어지고,
숱한 대리석이 숱한 그림자들 위에서 떠는 이곳,
이곳이 나는 마음에 든다.
충실한 바다가 여기서 잔다, 내 무덤들 위에서.

찬란한 암캐여, 우상 숭배자를 멀리하라!
목동의 미소 지닌 내가 외로이,
신비의 양들을, 나의 고요한 무덤의 흰 양 떼를
오래오래 먹이고 있을 때는,
멀리하라, 조심스러운 비둘기들을,
헛된 꿈들을, 호기심 많은 천사들을!

여기에만 오면, 미래는 게으름.
산뜻한 곤충은 메마름을 긁어 대고,
모두가 타고 허물어져 대기 속에 흡수된다.
뭔지 모를 엄숙한 정기에…….
부재에 도취하면 삶은 한없이 드넓고,
고초는 달고, 정신은 맑다.

죽은 이들은 숨겨져 바로 이 땅 속에 있고
땅은 그들을 다시 데워 그들의 신비를 말린다.
정오는 저 높은 데서,
정오는 움직이지도 않고
자신 속에서 자신을 생각하며 자기 자신에 흡족하니…….

완벽한 머리와 완벽한 왕관이여,
당신 속에 있는 나는 은밀한 변화이다.

당신의 걱정을 감당해 내는 것은 나 하나뿐!
나의 뉘우침이며, 의혹이며, 속박들은
당신의 커다란 금강석의 흠집이어라……
그러나 나무뿌리들 아래 몽롱한 백성들은,
대리석들로 무거워진 어둠 속에서
이미 서서히 당신편이 되어 버렸다.

그들은 두꺼운 부재 속으로 녹아들었고
붉은 찰흙은 흰 종족을 마셔 버렸고,
삶의 선물은 꽃들 속으로 옮아갔으니!
죽은 이들의 그 친밀한 말투들이며, 저마다의 재치,
그 독특한 마음씨들은, 지금 어디 있는가?
눈물 생겨나던 그곳엔 지금 구더기가 기어다닌다.

간지럼 타는 처녀들의 웃음소리,
그 눈들이며 치아들이며 젖은 눈시울들,
불꽃이 희롱하는 매혹의 젖가슴,
굴복하는 입술들에 반짝거리는 핏발,
마지막 선물들, 그것을 감싸는 손가락들,
모두가 땅밑으로 가 윤회 생사로 돌아간다!

위대한 넋이여, 너는 그래도 바라는가.

물결과 금빛이 여기서 육신의 눈앞에 빚어내는
이 거짓 빛깔들을 갖지 않을 그러한 꿈을?
네 몸이 안개가 되어도 노래할 생각인가?
아! 모두가 도망친다!
나의 존재는 잔 구멍투성이,
거룩한 조바심 또한 죽어가고!

검고 금빛인 파리한 영생이여,
죽음을 엄마의 젖가슴으로 삼는,
끔찍스럽게도 월계관을 쓴 위안자여,
아름다운 거짓말, 경건한 속임수여!
이 텅 빈 머리통과 이 영원한 웃음을
누가 알지 못하고, 누가 거부하지 않으랴!

그 숱한 삽질의 흙무게 아래서
흙이 되어 우리의 발걸음도 분간 못하는,
깊은 곳의 조상들, 텅 빈 머리들이여,
정말로 좀먹는 자, 어쩔 도리 없는 벌레는
묘석 아래 잠든 당신들을 위해 있지는 않아,
생명을 먹고 살고, 나를 떠나지 않는다!

나 자신에 대한 사랑인가, 아니면 미움인가?
그 숨은 이빨은 바로 내 가까이에 있어
온갖 이름이 다 어울릴 수 있을 정도!
상관 없어! 그 벌레는 보고, 바라고, 꿈꾸고, 만지고!

내 살을 좋아하니, 내 잠자리에서까지도
나는 이 생물에 딸려 살고 있는걸!

제논! 잔인한 제논! 엘레아의 제논이여!
그 바르르 떠는, 날면서도 날지 않는,
날개 돋친 화살로 너는 나를 꿰뚫었는가!
그 소리는 나를 낳고 화살은 나를 죽인다!
아! 태양…… 이 넋에, 잰걸음에도 꼼짝 않는 아킬레스여!
이 무슨 거북 그림자인가!

아니다! ……. 서라! 잇닿은 시대 속에서!
깨뜨리라, 나의 육체여, 이 생각하는 형체를!
마시라, 나의 가슴이여, 바람의 탄생을!
바다에서 발산하는 시원한 기운이, 나에게
내 넋을 돌려준다……. 오, 짭짤한 힘이여,
파도로 달려가 거기서 힘차게 솟구쳐 오르자!

그렇다! 광란을 타고난 크나큰 바다여,
태양의 무수한 그림자들로 얼룩진
그리스의 망토여, 표범의 털가죽이여,
침묵을 닮은 야단법석 속에서
번쩍이는 제 꼬리를 물어뜯고,
제 푸른 살에 도취해 날뛰는 히드라여.

바람이 인다! ……. 살아 보도록 해야지.

대기가 내 책을 펼쳤다간 다시 닫고,
박살난 파도가 바위들로부터 마구 솟구치니
날아가라, 온통 눈부신 책장들아!
파도여 부숴라! 흥겨운 물결들로 부숴라!
삼각돛들이 모이 쪼던 저 조용한 지붕을!

**아폴리네르** Guillaume Apollinaire

1880~1918년. 프랑스 시인. 로마에서 태어나 프랑스로 귀화했다. 20세기의 새로운 예술의 탄생은 '에스프리 누보(새 정신)'라는 구호와 함께 등장했는데, 이 에스프리 누보의 창시자가 아폴리네르였고, 또한 그것을 발전시킨 사람도 아폴리네르이다. 주요 작품으로 시집 《알코올》, 《칼리그람》 등이 있다.

## 미라보 다리

미라보 다리 아래 센 강이 흐르고
우리들의 사랑도 흘러간다.
내 마음속에 깊이 아로새기리
기쁨은 언제나 괴로움에 이어 옴을.

밤이여 오라, 종아 울려라.
세월은 가고 나는 머문다.

손에 손을 맞잡고
얼굴을 마주보면
우리의 팔 아래 다리 밑으로
영원의 눈길을 한 지친 물살이
저렇듯이 천천히 흘러내린다.

밤이여 오라, 종아 울려라.
세월은 가고 나는 머문다.

흐르는 물결처럼 사랑은 흘러간다.
우리의 사랑도 흘러만 간다.
어쩌면 삶이란 이다지도 지루한가.
희망이란 왜 이렇게 격렬한가.

밤이여 오라, 종아 울려라.
세월은 가고 나는 머문다.

나날은 흘러가고 달도 흐르고
지나간 세월도 흘러만 간다.
우리들 사랑은 돌아오지 않는데,
미라보 다리 아래 센 강이 흐른다.

밤이여 오라, 종아 울려라.
세월은 가고 나는 머문다.

## 엘뤼아르 Paul Eluard

1895~1952년. 프랑스의 시인. 초현실주의 시인으로서의 엘뤼아르의 시는 의지에 구속되지 않는 무의식의 영역에 들어가 있기는 하지만, 그럴 경우에도 그에게는 독자들이 쉽게 접근할 수 있는 리듬의 특징이 보여진다. 이 성격은 후기의 시작에 있어서 더욱 뚜렷이 볼 수가 있고, 인간애와 자유에 대한 사랑을 프랑스 시의 전통적인 서정성과 결부시키는 가교 역할을 하였다.

# 자 유

내 학생 때 공책 위에
내 책상이며 나무들 위에
모래 위에도 눈 위에도
나는 네 이름을 쓴다.

읽어 본 모든 책장 위에
공백인 모든 책장 위에
돌, 피, 종이나 재 위에도[1]
나는 네 이름을 쓴다.

숯칠한 조상들 위에[2]
병사들의 무기들 위에
왕들의 왕관 위에도
나는 네 이름을 쓴다.

밀림에도 사막에도

새 둥지에도 금송화에도
내 어린 날의 메아리에도
나는 네 이름을 쓴다.

밤과 밤의 기적 위에
날마다의 흰 빵 위에
약혼의 계절들 위에
나는 네 이름을 쓴다.

내 하늘색 누더기 옷들에
곰팡난 해가 비친 못 위에
달빛 생생한 호수 위에
나는 네 이름을 쓴다.

들 위에 지평선 위에
새들의 날개 위에
그림자들의 방앗간 위에[3]
나는 네 이름을 쓴다.

새벽이 내뿜는 입김 위에
바다 위에, 또 배들 위에
넋을 잃은 멧부리 위에
나는 네 이름을 쓴다.

구름들의 뭉게거품 위에

소낙비의 땀방울들 위에
굵고 김빠진 빗방울에도
나는 네 이름을 쓴다.

반짝이는 형상들 위에
온갖 빛깔의 종들 위에
물리적인 진리 위에[4]
나는 네 이름을 쓴다.

잠 깨어난 오솔길 위에
뻗어나가는 길들 위에
사람 넘쳐나는 광장들 위에[5]
나는 네 이름을 쓴다.

켜지는 램프 불 위에
꺼지는 램프 불 위에
모여 앉은 내 집들 위에
나는 네 이름을 쓴다.

거울과 내 방의
둘로 쪼개진 과일 위에
속 빈 조가비인 내 침대 위에
나는 네 이름을 쓴다.

게걸스럽고 귀여운 내 개 위에

그 쫑긋 세운 양쪽 귀 위에
그 서투른 다리 위에
나는 네 이름을 쓴다.[6]

내 문턱의 발판 위에
정든 가구들 위에
축복으로 넘실대는 불길 위에
나는 네 이름을 쓴다.

사이좋은 모든 육체 위에
내 친구들의 이마 위에
내미는 손과 손마디에
나는 네 이름을 쓴다.

놀란 얼굴들의 유리창 위에
침묵보다도 훨씬 더
조심성 있는 입술들 위에
나는 네 이름을 쓴다.

파괴된 내 은신처들 위에
허물어진 내 등대들 위에
내 권태의 벽들 위에
나는 네 이름을 쓴다.

욕망도 없는 부재 위에

벌거숭이 고독 위에
죽음의 걸음과 걸음 위에
나는 네 이름을 쓴다.

다시 돌아온 건강 위에
사라져 간 위험 위에
회상도 없는 희망 위에
나는 네 이름을 쓴다.

그리고 한 마디 말에 힘입어
나는 내 삶을 시작하니
너를 알기 위해 나는 태어났다.
네 이름 부르기 위해

오, 자유여!

주요 풀이    1)앞줄의 '공백인 책장'을 열거함인 듯.
2)어릴 때 읽은 이야기책의 삽화 이미지인 듯함.
3)빛과 그림자가 어울리며 돌아가는 이미지.
4)이미지들의 연속에 의해 앞의 연들에서 전개된 자연의 진리.
5)자연에서 인간으로의 이행.
6)그의 동물에 대한 사랑은 유명하다.

## 브르통 Andr Breton

1896~1970년. 프랑스의 시인. 탕쉬브레에서 출생. 보들레르와 말라르메 등 상징파 시인들의 영향을 받고 시의 세계로 들어갔다. 아라공, 수포와 함께 창간한 시잡지 《문학》은 1919년부터 1921년에 걸친 다다이즘 운동의 모태가 되었다.
제2차 대전 당시에는 동원되었으나 그 뒤 미국에 망명하여 뉴욕에서 에른스트와 잡지 《삼중의 V》를 발행하여 쉬르리얼리즘 운동을 계속했으며, 1946년에 프랑스로 돌아와서도 그는 전생애를 그 운동에 바쳤다.

## 자유 결합

불붙은 나뭇개비 같은 머리를 한 내 아내,
여름의 소리없는 번개 같은 생각들 지닌,
모래시계의 동체 지닌,
호랑이 이빨에 물린 수달의 동체 지닌 내 아내
리본의 꽃매듭 같은
별들의 마지막 꽃불 같은 입을 가진 내 아내
눈 위의 새앙쥐 발자국 같은 이를 가진 내 아내
호박 같은, 닦은 유리 같은 혀
칼로 찌른 성체 빵 같은 혀를 가진 내 아내
눈을 떴다 감았다 하는 인형 같은 혀
믿어지지 않는 보석 같은 혀
아이의 막대기 글씨 같은 속눈썹의 내 아내
제비 보금자리의 언저리 같은 눈썹
온실 지붕의 슬레이트 같은,
유리창의 김 같은
관자놀이의 내 아내

얼음장 같은 돌고래의 머리 있는 샘 같은
샴페인 아래 같은 어깨 지닌 내 아내
성냥개비처럼 가느다란 손목의 내 아내
마음의 우연과 주사위의 그 손가락
자른 건초 같은 손가락 지닌 내 아내
담비 같고, 성 요한 축일 밤의
너도밤나무 열매 같은 겨드랑이
쥐똥나무 같고 조개집 같은 겨드랑이의 내 아내
바다와 수문의 물거품 같은
밀과 방앗간의 범벅 같은 두 팔
물레가락 같은 다리 가진 내 아내
시계점과 절망의 동작을 가진
말오줌나무의 속살 같은 종아리의 내 아내
열쇠 꾸러미 같은 발,
술 마시는 배의 틈막이 직공들의 발을 가진
찧지 않은 보리 같은 목 가진 내 아내
바로 여울 바닥에서 랑데부하는
황금 계곡 같은 목구멍 가진 내 아내
밤 같은 젖가슴 가진
바다의 두더지 집 같은 젖가슴의 내 아내
루비 도가니 같은 젖가슴의 내 아내
이슬 맞은 장미꽃의 스펙트럼 같은 젖가슴의 내 아내
펼친 부채 같은 배 가진
거인의 발톱 같은 배 가진 내 아내
수직으로 도망치는 새 같은 등 가진 내 아내

수은 같은 등
빛과 같은 등
굴러 떨어지는 돌 같고
젖은 백묵 같고
금방 마신 유리컵이 떨어지는 것 같은 목덜미 가진
곤돌라 같은 허리 가진 내 아내
샹들리에 같고
화살의 깃털 같고
흰 공작의 날갯죽지 같은
움직이지 않는 천평 같은 그 허리
사암과 석면의 엉덩이 가진 내 아내
백조의 등 같은 엉덩이의 내 아내
글라디올러스의 성기 가진
금광석과 오리너구리 같은 성기 지닌 내 아내
태초와 옛날 봉봉과자 같은 성기 지닌 내 아내
거울 같은 성기 지닌 내 아내
보랏빛 갑주 같은 자침 같은 그 눈
사바나 같은 눈 가진 내 아내
감옥에서 마실 물 같은 눈 가진 내 아내
노상 도끼 아래 있는 나무 같은 눈의 내 아내
물 공기 땅 불과 같은 높이의 눈 가진

## 괴 테 — Johann wolfgang Goethe

1749~1832. 독일의 시인, 소설가이자 극작가. 만능의 재능을 천부적으로 지니고 있어서 문예·학문의 모든 분야에서 뛰어난 업적을 남겼다. 대체로 괴테는 자신의 체험을 고백하는 작가로 알려져 있다. 대표작으로는 〈파우스트〉를 들 수 있는데, 23세 때 쓰기 시작한 이래 무려 59년의 긴 세월을 두고 창작된 것이며, 그 속에는 괴테 자신의 일생 동안의 체험, 전 사상이 망라되어 있다.

## 프로메테우스

제우스여, 그대의 하늘을
구름의 너울로 덮어라!
그리고 엉겅퀴의 목을 치는
어린이처럼
참나무나 산정들과 힘을 겨뤄라!
그러나 나의 대지여,
그대가 짓지 않은
나의 집이며,
불길 때문에 그대가
나를 질투하는
나의 화덕을
그대는 나에게 남겨둬야 한다.

나는 태양 아래에서
신들인 그대들보다 가엾은 자를 알지 못한다.
그대들은 겨우

제물과
기도의 숨결로 살아간다.
전하들이여,
그리고 만일
어린이들과 걸인들이
희망에 부푼 바보들이 아니었던들
그대들은 굶어 죽었을 것을.

내가 어린이였고
들고 날 곳을 몰랐을 때에,
나의 방황하던 시선은
태양을 향했었다. 마치 저 하늘에,
나의 탄식을 들어줄 귀가 있고,
압박하는 자를 불쌍히 여기는
나의 마음과 같은 마음이 있다는 듯이.
그러나 누가 거인족의 오만에 대해서
나를 도왔으며,
누가 죽음과
노예상태에서 나를 구했던가?
거룩하게 불타는 마음이여,
그대가 이 모든 것을 만들지 않았던가?
젊고 선량한데도
기만당하고도, 구원에 감사하며
천상에서 잠든 자를 열애하지 않았던가?

내가 그대를 존경하라고? 왜?
그대는 이전에 한 번이라도
짐을 진 자들의 고통을 덜어 준 일이 있는가?
그대는 이전에 한 번이라도
겁먹은 자들의 눈물을 씻어 준 일이 있는가?

나의 주인이며, 그대의 주인
만능의 시간과
영원한 운명이
나를 사나이로 단련하지 않았던가?

소년의 꽃 같은 아침의 꿈이 모두
성숙하지 않는다고 해서,
내가 삶을 증오하고,
황야로 도주해야 한다고
그대는 생각하는가?

나는 여기에 앉아, 나의 모습에 따라
인간들을 그려본다.
슬퍼하고 울며,
향락하고 즐기며,
나와 같이
그대를 존경하지 않는
나를 닮은 족속을.

## 5월의 노래

오오, 눈부시다.
자연의 빛
해는 빛나고
들은 웃는다.

나뭇가지마다
꽃은 피어나고
떨기 속에서는
새의 지저귐

넘쳐 흐르는
가슴의 기쁨
대지여 태양이여
행복이여 환희여

사랑이여, 사랑이여
저 산과 산에 걸린
아침 구름과 같은
금빛 아름다움

그 놀라운 은혜는
신선한 들에
꽃 위에 넘친다.

한가로운 땅에

소녀여, 소녀여
나는 너를 사랑한다.
오오, 반짝이는 네 눈
나는 너를 사랑한다.

종달새가
노래와 산들바람을 사랑하고,
아침의 꽃이
공기의 향기를 사랑하듯이

뜨거운 피 설레며
나는 너를 사랑한다.
너는 내게 청춘과
기쁨과 용기를 부어라.

새로운 노래와
춤으로 나를 몰고 간다.
그대여, 영원히 행복하여라
나를 향한 사랑과 더불어.

**실 러** Friedrich von Schiller

1759~1805년. 독일의 시인이자 극작가. 괴테와 더불어 독일 고전주의를 대표하는 작가이다. 〈빌헬름 텔〉을 비롯하여 수많은 뛰어난 극작품을 발표했으며, 시 분야에서는 사상시와 극적 발라드 등에 뛰어나다. 특히 베토벤의 제9교향곡 〈합창〉의 가사가 된 〈환희의 찬가〉는 널리 알려져 있다.

# 동 경

차디찬 안개가 짓누르고 있는
아, 이 골짜기의 바닥으로부터,
출구를 찾을 수 있다면야
아, 나는 얼마나 행복할까!
영원히 젊고도 영원히 푸른
그곳의 아름다운 언덕을 본다.
죽지나 깃을 가졌다면
그 언덕에 날아가련만!

울려오는 조화를 나는 듣는다.
천국과 안식의 감미로운 소리들을
가벼운 바람은 나에게로
감미로운 향내음과 함께 실어온다.
짙은 녹음 사이에 하늘거리며
불타는 황금빛 과일을 본다.
그리고 그곳에서 피는 꽃들은
겨울철에도 남아 있다.

그곳, 영원한 햇빛 속은
살기에 얼마나 좋을 것인가.
저 언덕 위의 그 바람은
또한 얼마나 활기를 줄까!
그러나 미친 듯 그 사이에 굽이치는
강물의 노도가 나를 막는다.
강물의 파도가 넘실거린다.
나의 영혼은 겁을 낸다.

흔들리는 배 한 척을 보았으나
아! 그러나 사공이 없다.
주저 말고 용기 내어 타고 보자!
돛은 이제 펼쳐졌다.
그대는 믿고 또 모험해야 한다.
신들은 담보를 받지 않은 까닭이다.
다만 놀라움만이 그대를
아름다운 그의 나라로 데려간다.

**횔덜린** Friedrich Hölderlin

1770~1843년. 독일의 시인. 독일 슈바벤의 라우펜 출생. 어머니의 희망인 신학 공부보다는 고전 그리스 어, 철학, 시쓰기 그리고 헤겔, 셸링 등 뛰어난 학우들과의 교류에 열중하였다. 생전에 단 한 권의 시집도 나오지 않았지만 횔덜린 특유의 작품은 단편으로 끝난 비극 〈엠페도클레스의 죽음〉을 비롯하여 〈디오티마〉, 〈하이델베르크〉, 〈빵과 포도주〉, 〈귀향〉, 〈라인 강〉 등의 걸작이 있다.

# 고 향

뱃사람은 즐거이 고향의 고요한 흐름으로 돌아간다.
고기잡이를 마치고 머나먼 섬들로부터
그처럼 나도 고향에 돌아갈지니,
내가 만일 슬픔과 같은 양의 보물을 얻을진대

지난날 나를 반기어 주던 그리운 해안이여,
아아, 이 사랑의 슬픔을 달래 줄 수 있을까.
젊은 날의 내 숲이여, 내게 약속할 수 있을까
내가 돌아가면 다시 그 안식을 주겠노라고.

지난날 내가 물결치는 것을 보던 서늘한 강가에
지난날 내가 떠 가는 배를 보던 흐름의 강가에
이제 곧 나는 서게 되리니, 일찍이 나를
지켜 주던 내 고향의 그리운 산과 들이여.

오오, 아늑한 울타리에 에워싸인 어머니의 집이여

그리운 동포의 포옹이여, 이제 곧 나는
인사하게 될지니, 너희들은 나를 안고서
따뜻하게 내 마음의 상처를 고쳐 주리라.

진심을 주는 이들이여, 그러나 나는 안다, 나는 안다.
사랑의 슬픔 그것은 쉽게 끝나지 않는다는 것을.
사람들을 위로하고자 부르는 요람의 노래는
내 마음의 이 슬픔을 고쳐 주지는 못한다.

우리에게 하늘의 불을 주는 신들이
우리에게 신성한 슬픔도 보내 주셨나니,
하여 슬픔은 그대로 있거라, 지상의 자식인 나는
모름지기 사랑하기 위해
또 슬퍼하기 위해 태어났느니라.

## 노발리스 _Novalis_

1772~1801년. 독일의 시인. 노발리스는 예나 대학에서 공부하면서 수많은 낭만주의자들, 그 중에도 피히테, 실레겔 형제, 밀러 등과 깊이 사귀면서 문학 활동을 시작했다. 그는 조피 폰 퀸과 약혼하나, 2년 뒤에 그녀는 죽고 만다. 그는 사랑하는 연인을 잃게 된 시인의 괴로움과, 죽음의 세계까지라도 그녀를 찾아가리라는 결의의 표현으로 시집 《밤의 찬가》를 펴냈다.

# 밤의 찬가

생명이 있고
감성이 있는 어떤 자가,
그를 에워싼 넓은 공간의
놀라운 현상들 중에
무엇보다도
광선과 광파
빛깔들,
낮 동안의
온화한 편재를 지닌
가장 즐거운 빛을
사랑하지 않는 이는 없을 것이다.
빛의 푸른 대양에서 헤엄치는
쉴 줄 모르는 성좌들의
거대한 세계는 빛을
내면의 영혼으로 호흡하며,
빛나는 돌도

조용한 식물도
삶의 다양한
언제나 움직이는 힘과 같이
동물들의 힘도
빛을 호흡한다.
다채로운 구름들과
그리고 공기,
무엇보다도
사려 깊은 시선과
경쾌한 발걸음
그리고 음악적인 입을 가진
찬연한 이방인도 빛을 숨쉰다.
현세의 자연의
임금님과 같이
빛은 모든 힘을
무수한 변천으로 불러내며,
빛의 현존만이
현세의 경이로운 찬란함을
계시한다.
거룩하고 말할 수 없고,
신비에 가득 찬 밤을 향해
나는 아래쪽으로 몸을 돌린다.
깊은 묘혈 속에 침몰된 듯이
세계는 저 멀리 놓여 있다.
세계의 위치는

얼마나 황폐하며 쓸쓸한가!
깊은 애수가
심금을 울린다.
회상의 머나먼
청춘의 소망들
소년시절의 꿈들
기나긴 인생의
짧은 기쁨들
그리고 하염없는 희망들이
회색의 옷을 입고,
일몰 이후의 저녁 안개처럼
다가온다.
다채로운 향락과 함께
세계는 저 멀리 놓여 있다.
다른 공간에서
빛은
즐거운 천막을 쳤다.
빛은 이제
그의 성실한 아이들에게
그의 정원으로
그의 찬란한 집으로
다시는 되돌아오지 않는단 말인가?
그런데 무엇이
이렇듯 서늘하게 활기를 주며
이렇듯 예감에 차서

가슴에서 솟아나
애수의 포근한 공기를
마시는 것일까?
어두운 밤이여,
그대도 인간적인
마음을 지닌 것인가?
눈에 보이지 않고 힘차게
나의 영혼을 동요시키는
무엇을 그대는
그대의 외투 밑에 지니고 있는가?
그대는 다만 무섭게만 보이는구나
고귀한 향기는
그대의 손과
양귀비 다발에서 방울져 떨어진다.
감미로운 도취 속에서 그대는
정의의 무거운 날개를 펴고
우리들에게 어둡고 형언할 수 없으며,
그대 자신과도 같이 정다운
기쁨을 선사하라.
우리들로 하여금
천국을 예감케 하는
그 기쁨을.
다채로운 사물들을 지닌
빛이 이제 나에게는
얼마나 빈약하고 치졸하게 생각되며,

이 얼마나 즐거운
작별의 축복을 주는 것으로 느껴지는가.
밤이 그대로부터
봉사하는 자들을 빼앗아간
바로 그 때문에
빛이여, 그대는
드넓은 공간 속에
빛나는 공들을
씨뿌렸으니,
그대가 멀리 떠난 시대에
그대의 회귀를
그대의 만능을 창도하기 위함이라.
저 머나먼 곳의
빛나는 별들보다도
밤이 우리들의 마음속에 눈뜨게 한
그 무한한 눈이 더 거룩하게 생각된다.
내심의 눈은
저 무수한 성군의 가장 창백한 것들보다
더 멀리 본다.
빛을 필요로 하지 않고 내심의 눈은
사랑하는 심정의
깊은 곳을 투시하며
형언할 수 없는 열락으로
고귀한 공간을 채우는 것을 꿰뚫어본다.
거룩한 세계의

고귀한 예고자며
복된 사랑의
양육자인
세계의 여왕인 밤이여, 찬송 받으라.
여인이여, 그대가 온다.
밤은 왔다.
나의 영혼은 광희한다.
현세의 낮은 지나고,
그대는 또다시 나의 것
나는 그대의 깊고 검은 눈을 본다.
그리고 사랑과 행복 이외의
아무것도 보지 않는다.
우리는 밤의 제단에 무릎을 꿇는다.
포근한 침상 위에
껍질은 벗겨지고,
뜨거운 포옹으로 불이 붙은 채,
감미로운 희생의
밝은 불길은 솟아오른다.

1788~1857년. 행복한 유년을 보내고, 할레와 하이델베르그 대학에서 공부하면서 많은 시인들과 교류하며 문학 활동을 시작했다. 그는 순수한 독일의 서정 시인으로서 음악적이고 쉬운 시어로 독일적인 인물과 풍경을 노래한 것으로 유명하다. 그의 작품에는 깊은 애정과 종교적 정감이 스며 있는데, 여기 실은 〈밤의 꽃〉 역시 그런 작품이다.

# 밤의 꽃

밤은 고요한 바다와 같다.
기쁨과 슬픔과 사랑의 고뇌가
얼기설기 뒤엉켜 느릿느릿하게 물결치고 있다.

온갖 희망은 구름과 같이
고요히 하늘을 흘러가는데
그것이 회상인지 또는 꿈인지
여린 바람 속에서 그 누가 알까.

별들을 향하여 하소연하고 싶다.
가슴과 입을 막아 버려도
마음속에는 여전히 희미하게
잔잔한 물결 소리가 남아 있다.

## 하이네 Heinrich Heine

1797~1856년. 독일의 시인. 대중적인 시인으로, 슈베르트와 멘델스존, 그리고 브람스와 같은 작곡가가 그의 시를 음악으로 만들었다. 하이네의 시들 중에 가장 잘 알려진 작품들을 묶은 연가집 《노래의 책》은 독일 문학에서 최고로 손꼽히는 시집으로, 이 중에 가장 유명한 시가 바로 〈로렐라이〉이다.

# 로렐라이

왜 그런지 까닭은 알 수 없지만
내 마음은 자꾸만 슬퍼지나니
옛날부터 전해져 오는 이야기가
내 마음에 자꾸만 메아리친다.

쌀쌀한 바람 불고 해질녘의
라인 강은 소리 없이 흐르고 있는데
지는 해의 저녁놀을 받고서
바위는 반짝이며 우뚝 솟아 있다.

이상스럽구나, 그 바위 위에
아름다운 아가씨가 가만히 앉아서
빛나는 황금 빗으로
황금빛 머리를 빗고 있다.

황금 빗으로 머리를 손질하면서
부르고 있는 노랫소리

그 멜로디는 이상스러워
그 노래가 마음에 스민다.

배 젓고 있는 사공의 마음에
자꾸만 슬픈 생각이 들기만 하여
뒤돌아보는 그의 눈동자에는
강 속의 바위가 보이지 않는다.

무참하게도 강 물결은 마침내
배와 사공을 삼키고 말았나니,
그 까닭은 말할 수 없으나
로렐라이의 노래로 말미암은 이상한 일이여.

# 노래의 날개

노래의 날개 위에 몸을 싣고
함께 갑시다, 사랑하는 사람이여
갠지스 강 그 기슭 푸르른 밭에
우리 둘이 갈 만한 곳이 있다오.

환한 꽃동산에 고요히 떠오를 때
빨갛게 활짝 피는 아름다운 꽃동산
잔잔한 호수에 웃음짓는 연꽃들은
아름다운 그대를 기다리고 있다오.

꽃들은 서로서로 웃음을 머금고
하늘의 별을 향하여 소곤거리고
장미는 서로서로 넝쿨을 겨루어
달콤한 밀어 속삭이며 뺨을 부비오.

깡충깡충 뛰어나와 귀를 쫑긋거리는
귀여운 염소의 평화로운 모습이 있고,
해맑은 시냇물의 하느작거리는 소리
멀리멀리 아스라이 울려 퍼지는 곳.

그 아름다운 꽃동산 종려나무 그늘에
사랑하는 그대와 함께 누워서
온갖 즐거움을 서로 나누면서
아름다운 꿈을 꾸며 살아갑시다.

Hans Theodor Wolsen Storm

1817~1888년. 독일의 시인. 슐레스비히 홀스타인에서 출생. 법률을 전공하였고, 고향으로 가서 변호사가 되었다. 학교 생활을 하며 문학적으로 눈을 떴고 아이헨도르프와 뫼리케 등의 문인들과 친교를 가졌다. 이 시는 고향의 해안이 지닌 신비감을 잘 묘사하고 있는 그의 대표작 중 하나로 그 배후에는 어떤 체념이 감돌고 있다.

# 해 안

갈매기는 지금
해안 호수로 날아가고
저녁 어스름이 드리우며
개울의 물웅덩이에는
저녁 해가 비치고 있다.
잿빛 새가
수면에 닿을 듯이 날아가고
바다를 흐르는 안개 속에
섬들이 꿈처럼
둥둥 떠 있다.

거품 이는 흙탕에서
아주 이상스러이 중얼거리는 소리 들리고
쓸쓸한 새의 울음소리 들리나니
언제나 이런 상태이다.

다시금 바람은 고요히 불고

그리고 소리없이 잠드나니
바다 가운데 쪽에서
인기척 소리가 들려온다.

**게오르게** Stefan George

1868~1933년. 독일의 시인. 라인 강 연안의 뤼데스하임에서 태어나, 다름슈타트 고교 졸업 후 파리에서 말라르메를 알게 된 것이 그에게 시인으로서의 자각을 갖게 했다. 프랑스 상징주의의 영향 밑에 당시 독일 문학의 자연주의적 경향이나 사회의 실증주의적 풍조에 반발, 일상성을 탈피한 순수한 언어 예술로서의 문학을 지향하였다.

## 너는 날렵하고 청순하여

너는 날렵하고 청순하여 불꽃 같고
너는 상냥하고 밝아서 아침 같고
너는 고고한 나무의 꽃가지 같고
너는 조용히 솟은 깨끗한 샘물 같다.

양지바른 들판으로 나를 따르고
저녁놀 진 안개에 나를 잠기게 하며
그늘 속의 내 앞을 비추어 주는
너는 차가운 바람, 너는 뜨거운 입김.

너는 내 소원이며 내 추억이니
숨결마다 나는 너를 호흡하며
숨을 들이쉴 때마다 너를 들이마시면서
나는 네게 입맞춤한다.

너는 고고한 나무의 꽃가지
너는 조용히 솟는 깨끗한 샘물

너는 날렵하고 청순한 불꽃
너는 상냥하고 밝은 아침.

 호프만슈탈　Hugo von Hofmansthal

1874~1929년. 독일의 시인이자 극작가. 게오르게가 신고전주의를 형성해 가고 있을 때, 유서 깊은 유대계 가정에서 출생한 호프만슈탈은 빈에서 신낭만파의 중심이 되어 자연주의와 투쟁하게 된다.
작품으로는 인상주의적, 상징주의적 경향의 운문극 〈바보와 죽음〉, 우화소설 〈그림자 없는 여자〉 등이 있다.

## 이른 봄

봄바람이 달려간다.
잎사귀 없는 가로수 사이를
이상한 힘을 지닌
봄바람이 달려간다.

흐느껴 우는 소리 나는 곳에서
봄바람은 몸을 흔들었고
사랑에 가슴 아파하는 아가씨의 흩어진 머리칼에서
봄바람은 몸을 흔들었다.

아카시아 나무를 흔들어
아카시아 꽃을 떨어뜨리고,
숨결 뜨겁게 내몰아 쉬고 있는
두 연인을 싸늘하게 했다.

소리내어 웃고 있는

아가씨의 입술을 살짝 어루만졌고
부드러운 봄날에 눈을 뜬 들판을
여기저기 찾아다닌 것이다.

목동이 부는 피리 속을 빠져 나와
흐느껴 우는 소리와도 같이
새벽놀 붉게 물든 곳을
훨훨 날아 지나온 것이다.

연인들이 속삭이고 있는 방을 빠져 나와
봄바람은 말없이 날았다.
그리고 희미한 낚시 불빛을
허리를 굽히면서 끄고 온 것이다.

봄바람이 달려간다.
잎사귀 없는 가로수 사이를
이상한 힘을 지닌
봄바람이 달려간다.

벌거숭이 나무와 나무 사이를
미끄러지듯 지나가면서
봄바람의 입김은
창백한 그림자를 뒤따른다.

지난밤부터 불고 있는

이른 봄날의 선들바람은
향긋한 냄새를 지니고
이 마을에 찾아왔다.

## 릴케 Rainer Maria Rilke

1875~1926년. 독일의 시인. 인간의 존재를 추구하고, 종교성이 강한 독자적 경지를 개척하였다. 《형상 시집》 이전의 릴케의 시에는 낭만주의적인 꿈의 분위기 비슷한 것이 감돌고 있었다. 그러나 다음의 《신시집》 시기의 시인에게서는 사물을 분명히 관찰하려 하는 노력과 현실 세계 안에 살려고 하는 결의를 읽을 수 있다.
주요 작품으로 《형상 시집》, 〈두이노의 비가〉, 〈말테의 수기〉 등이 있다.

# 가을날

주여, 때가 되었습니다.
여름은 아주 위대했습니다.
당신의 그림자를 해시계 위에 놓으시고
벌판에 바람을 놓아 주소서.

마지막 과일에게 결실을 명하시고
그것들에게 또한 보다 따뜻한 이틀을 주시옵소서.
그것들을 완성시켜 주시고
마지막 단맛이 짙은 포도 송이 속에 스미게 하십시오.

지금 집 없는 자는 어떤 집도 짓지 않습니다.
지금 외로운 자는 오랫동안 외로이 머무를 것입니다.
잠 못 이루어, 독서하고 긴 편지를 쓸 것입니다.
그리고 잎이 지면 가로수길을
불안스레 이곳저곳 헤맬 것입니다.

# 오오 주여, 어느 사람에게나

오오 주여, 어느 사람에게나
그 사람 자신의 죽음을 주십시오.
죽음, 그것은 그가 사랑을 알고,
의미와 위기가 부여되어 있던
저 생 가운데서 나오는 것입니다.

왜냐하면 우리들은
과일의 껍질과 나뭇잎에 지나지 않기 때문입니다.
그 누구나 내부에 품고 있는 위대한 죽음,
그 누구나가 모든 중심인 과일 바로 그것인 것입니다.

이 과일을 위하여 소녀들은 나무와 같이
하나의 거문고 속에서 나타나 나오고
소년들은 그녀를 간구하여 어른이 되기를 바라고 있으며,
그리고 여자들은 성장하고 있는 사람들에게 있어서
그 밖의 그 누구에게도 인수되지 않는 불안에
익숙하게 되어 있는 사람들인 것입니다.
이 과일을 위하여 한 번 본 것이, 설령 그것이 이미
지나가 버렸다고 하더라도 영원한 것인양 남아 있습니다.
그리고 무엇인가를 만들고,
무엇인가를 조립하고 있는 누구인가가
그 과일을 싸는 세계가 되고,
그리고 얼고 또 녹아서

그리고 그것에 바람이 되어 불고,
햇빛이 되어 비쳤던 것입니다.
이 과일 속에 마음의 모든 열과
두뇌의 백열이 들어가 자리잡게 된 것입니다.
그러나 당신의 천사들은 새 떼처럼 날아와
이 과일이 전부 아직 익지 않았음을 알게 된 것입니다.

## 헤 세 | Hermann Hesse

1877~1962년. 독일의 시인이자 소설가. 뷔르템베르크의 칼프 출생. 일찍부터 코스모 폴리턴적인 평화주의에의 지향과 동양 종교에 관심을 가졌다. 현대 신로맨티시즘 문학의 완성자로, 자연을 배경으로 하는 평화스런 인간의 생활을 동경하고, 내면 생활의 변화와 성장을 깊이 표현하여 예술적 향기를 강하게 풍기고 있다.

1946년에는 노벨 문학상을 수상하였으며, 주요 작품으로 〈데미안〉, 〈수레바퀴 밑에서〉, 〈지와 사랑〉 등이 있다.

# 흰 구름

오오 보라, 흰 구름은 다시금
잊혀진 아름다운 노래의 희미한 멜로디처럼
푸른 하늘 저쪽으로 흘러간다!

기나긴 나그네길을 통해서
방랑과 슬픔과 기쁨을 한껏 맛본 자가 아니고는
저 구름의 마음을 알지 못한다.

나는 태양과 바다와 바람과 같이
하얀 것 정처 없는 것을 좋아하나니
그것들은 고향 떠난 나그네의
자매이며 천사이기 때문이다.

# 안개 속에

이상하다, 안개 속을 거니는 것은
풀섶과 돌들 모두 외롭고
어느 나무도 다른 나무를 보지 않으니
모두들 다 혼자다.

나의 삶이 빛으로 넘실대던 그때에는
세상은 친구로 가득했건만
이제 내 곁에 안개 내리니
모두 사라지고 없구나.

회피할 수도 없고 소리도 없이
모든 것에서 그를 갈라 놓는
그 어두움을 모르는 이는
정녕 현명하다고는 할 수 없다.

이상하다, 안개 속을 거니는 것은
산다는 것은 원래 외로운 것,
누구나 다른 사람 알지 못하고
모두가 다 혼자다.

# 방 랑
──크눌프에 대한 기념


슬퍼하지 말아라, 머지않아 밤이 온다.
그 때 우리는 창백한 들판을 넘어
싸늘한 달의 미소를 보게 될 것이고
손과 손을 마주잡고 쉬게 되리라.


슬퍼하지 말아라, 머지않아 때가 온다.
그 때 우리는 안식하며 우리 십자가는
해맑은 깊섶에 나란히 서게 되고,
그 위에 비 오고 눈이 내리리라.
그리고 바람이 불어 오고 또 가리라.

## 카로사   Hans Corossa

1878~1956년. 독일의 시인. 독일 바이에른의 테르츠에서 출생. 뮌헨 의과대학을 나와 부친의 뒤를 이어 의사가 되었다. 한때 나치스 한림원에 초대되었다가 사퇴, 오직 의사로서의 생활의 여가를 창작에 바쳤다. 주옥 같은 그의 작품은 순수하고 진실한 영혼의 기록이다. 대표작에 〈의사 뷔르거의 운명〉, 〈지도와 신종〉 등이 있다.

## 옛 샘

등불을 끄고 자거라!
줄곧 일어난 채
언제까지나 울리는 것은
오직 옛 샘의 물줄기 소리
하지만 내 지붕 아래 손님이 된 사람은
누구든 곧 이 소리에 익숙해진다.

네가 꿈에 흠뻑 빠져 있을 무렵,
어쩌면 집 근방에서
이상스런 소리가 들릴는지 모른다.
거친 발소리에 샘 근처 자갈 소리가 나며
기분 좋은 물소리는 딱 그치나니,

그러면 너는 눈을 뜬다——하지만 놀라지 마라!
별이란 별은 모두 땅 위에 퍼지고
나그네 한 사람이
대리석 샘가로 다가가서

손바닥을 그릇 삼아
솟는 물을 뜨고 있다.

그 사람은 곧 떠난다. 다시 물줄기 소리 들리나니
아아 기뻐하여라, 여기에 너는 혼자 있지 않으니.
먼 별빛 속에 수많은 나그네가 길을 가고
그리고 또 다시 네게 다가오는 사람이 있다.

 셰익스피어　William Shakespeare

1564~1616년. 영국의 극작가이자 시인. 인간 세계의 갖가지 희·비극을 그린 많은 명작을 남겼다. 작품으로 〈헨리 4세〉, 〈줄리어스 시저〉 등의 사극과 〈베니스의 상인〉, 〈한여름밤의 꿈〉 등의 희극 및 〈햄릿〉, 〈맥베스〉, 〈오셀로〉, 〈리어 왕〉의 4대 비극이 유명하다. 37편의 희곡과 몇 권의 시집, 소네트 집이 있다.

# 살아야 할 것인가, 아니면

살아야 할 것인가, 아니면 죽을 것인가
이것이 문제로다.
잔인한 운명의 돌팔매와 화살을
마음속으로 참는 것이 더 고상한가,
아니면 고난의 물결에 맞서 무기를 들고 싸워
이를 물리쳐야 하는가, 죽는 것은 잠자는 것
오직 그뿐, 만일 잠자는 것으로 육체가 상속받은
마음의 고통과 육체의 피치 못할
괴로움을 끝낼 수만 있다면,
그것이야말로 진심으로 바라는 바 극치로다.
죽음은 잠드는 것!
잠들면 꿈을 꾸겠지?
아, 그게 곤란해.
죽음이란 잠으로 해서 육체의 굴레를 벗어난다면
어떤 꿈들이 찾아올 것인지 그게 문제지.
이것이 우리를 주저하게 만들고, 또한 그것 때문에
이 무참한 인생을 끝까지 살아가게 마련이다.

그렇지 않다면 그 누가 이 세상의 채찍과 비웃음,
권력자의 횡포와 세도가의 멸시,
변함없는 사랑의 쓰라림과 끝없는 소송 상태,
관리들의 오만함과 참을성 있는 유력자가
천한 자로부터 받는 모욕을 한 자루의 단검으로
모두 해방시킬 수 있다면 그 누가 참겠는가.
이 무거운 짐을 지고
지루한 인생고에 신음하며 진땀 빼려 하겠는가.
사후의 무언가에 대한 두려움이 아니라면
나그네 한 번 가서 돌아온 일 없는
미지의 나라가 의지를 흐르게 하고
그 미지의 나라로 날아가기보다는
오히려 겪어야 할 저 환란을 참게 하지 않는다면
하여 미혹은 늘 우리를 겁쟁이로 만들고,
그래서 선명한 우리 본래의 결단은
사색의 창백한 우울증으로 해서 병들어 버리고,
하늘이라도 찌를 듯 웅대했던 대망도
잡념에 사로잡혀 가던 길이 어긋나고
행동이란 이름을 잃게 되는 것이다.

——〈햄릿〉에서

스펜서 Edmund Spenser

1552~1599년. 영국의 시인. 스펜서는 엘리자베스 왕조의 대표적 시인으로, 아내로 맞은 엘리자베스 보일에 대한 사랑을 노래한 소네트 연작 《아모레티》 중에 수록된 시가 바로 〈그의 사랑에게〉이다. 대표 시집으로는 《양치기의 달력》, 《요정의 여왕》 등이 있다.

## 그의 사랑에게

어느 날 나는 그녀의 이름을 백사장에 썼으나
파도가 밀려와 씻어 버리고 말았네.
나는 또다시 그 이름을 모래 위에 썼으나
다시금 내 수고를 삼켜 버리고 말았다네.
그녀는 말하기를 우쭐대는 분, 헛된 짓을 말아요.
언젠가 죽을 운명인데 불멸의 것으로 하지 말아요.
나 자신도 언젠가는 파멸되어 이 모래처럼 되고
내 이름 또한 그처럼 씻겨 지워지겠지요.
나는 대답하기를, 그렇지 않소.
천한 것은 죽어 흙으로 돌아갈지라도
당신은 명성에 의해 계속 살게 되오리다.
내 노래는 비할 바 없는
당신의 미덕을 길이 전하고,
당신의 빛나는 이름을 하늘에 새길 것이오.
아아, 설령 죽음이 온 세계를 다스려도
우리 사랑은 남아
영원한 생명을 얻게 되오리다.

## 단 John Danne

1572~1631년. 영국의 시인. 영국 최대의 형이상학파 시인으로, 국교회의 성직자가 되어 죽을 때까지 성 폴 교회의 부감독으로 있었다.

단의 시는 기발한 상념이 넘쳐 종종 극도로 난해한 것으로 평가받는다. 그러나 막힘없는 직감력과 불 같은 감정, 간결하고 강인한 표현은 현대시에 큰 영향을 끼쳤다.

《가요 시집》과 〈유령〉, 〈기념일의 시〉 등 많은 작품을 남겼다.

# 누구를 위하여 종은 울리나

어느 사람이든지 그 자체로서 온전한 섬은 아닐지니, 모든 인간이란 대륙의 한 조각이며 또한 대양의 한 부분이어라. 만일에 흙덩어리가 바닷물에 씻겨 내려가게 되면 유럽 땅은 또 그만큼 작아질지니, 만일에 모랫벌이 그렇게 되더라도 마찬가지며, 그대의 친구들이나 그대 자신의 영지가 그렇게 되어도 마찬가지니라. 어느 누구의 죽음이라 할지라도 나를 감소시키나니, 나란 인류 속에 포함되어 있는 존재이기 때문이라. 누구를 위하여 종은 울리나――이를 위하여 사람을 보내지는 말지어다. 종은 바로 그대를 위하여 울리기에.

## 밀턴  John Milton

1608~1674년. 영국의 시인이자 정치 논객으로, 종교 개혁 정신의 부흥, 정치적 자유, 공화제 등을 지지하였다. 그 후 탄압을 받고 실명의 비운을 달래면서 심원 웅대한 장편 서사시 〈실락원〉, 〈복락원〉을 완성하였다.

# 실락원

인류 최초의 불순종, 그리고 금단의 나무열매여
그 너무나 기막힌 맛으로 해서
죽음과 더불어 온갖 슬픔 이 땅에 오게 하였나니
에덴을 잃자 이윽고 더욱 거룩한 한 어른 있어
우리를 돌이켜 주시고 또한 복된 자리를
다시금 찾게 하여 주셨나니
하늘에 있는 뮤즈여, 노래하라.
그대, 호렙 산이나 시내 산 은밀한 정상에서
저 목자의 영혼을 일깨우시어
선민에게 처음으로 태초에 천지가
혼돈으로부터 어떻게 생겨났는가를
가르쳐 주시지 않으셨나이까.
아니, 또한 시온 언덕이 그리고 또한
성전 아주 가까이 흘러내리고 있는
실로암 시냇물이 당신 마음에 드셨다면
이 몸 또한 당신에게 간청하오니
내 모험의 노래를 북돋워 주소서
이오니아 산을 넘어서 높이 더 높이

날고자 하는 이 노래이니

이는 일찍이 노래에서나 또 글에서나 아직

누구나 감히 뜻하여 본 일조차 없는 바를 모색함이라.

그리고 누구보다도 그대 아, 성령이여,

어느 궁전보다 앞서

깨끗하고 곧은 마음씨를 좋아하셨으매, 당신이여

지시하시라, 당신은 알고 계시지 않으시나이까.

처음부터 당신은 임석하시어 거창한 날개를 펴고

비둘기와 같이 넓은 심연을 덮고 앉으사

이를 품어 태어나게 하셨나이다.

내게 날개 편 어두움을 밝히소서,

낮은 것을 높이고 또 받들어 주소서,

이는 내 시의 대주제의 높이에까지

영원한 섭리를 밝히고자 함이요,

또한 뭇사람에게 하느님의 도리를 옳게 전하고자 함이라.

———〈서시〉에서

## 블레이크 — William Blake

1757~1828년. 영국의 시인. 번즈와 더불어 스코틀랜드의 대시인으로 추앙받고 있다. 학교 교육은 거의 받지 못했으나 일찍부터 시를 써서 1783년에 최초의 시집 《시적 스케치》를 출판하였고, 6년 뒤에 《순진한 노래》를 간행, 1794년 《경험의 노래》를 출판하였다. 두 권의 시집은 블레이크의 독특한 그림을 곁들여 만들어진 것이다.

# 호랑이

호랑이여, 호랑이여, 밤의 숲에서
불꽃처럼 활활 타오르는 존재여,
그 어떤 불멸의 손과 눈이
네 그 두려운 존재를 만들었는가?

그 어느 멀고먼 바다나 또는 하늘에서
네 눈의 불꽃은 타오르고 있었는가?
어떤 날개로 하늘을 날아서
어떤 손으로 그 불꽃을 붙들었는가?

그 어떤 힘과 그 어떤 기술로써
네 심장의 힘줄을 비틀 수 있었는가?
네 심장이 고동치기 시작했을 때
어떤 두려운 손이? 두려운 발이?

어떤 망치가? 어떤 쇠사슬이?
그 어떤 용광로에서

네 두뇌는 만들어졌는가?
어떤 철판으로 단련되어
가공할 만한 손아귀가
그 견딜 수 없는 공포를 움켜쥐었던가?

별들이 그 창을 내던지고
눈물로 하늘을 적셨을 때
신은 자신이 창조한 것을 보고
미소지었던가?
어린 양을 창조한 신이 너를 만드셨는가?

범이여, 범이여, 밤의 숲에서
불꽃처럼 활활 타오르는 것이여,
그 어떤 불멸의 손과 눈이
네 그 두려운 균형을 만들었는가?

## 번 즈 Robert Burns

1759~1796년. 영국의 시인. 소박한 전원 서정시를 많이 썼다. 그는 《스코틀랜드 방언 시집》(1786)을 출판하여 하루 아침에 일류 시인이 되어 에딘버러에 나가 문단 생활을 하기도 했다.
한평생 사랑한 스코틀랜드 서민 생활의 소박하고 순수한 감정을 번즈만큼 실감 있게 표현한 시인도 없을 것이다.

## 붉고 붉은 장미여

오오, 내 사랑은 붉고 붉은 장미니
유월에 갓 피어난 신선한 장미여라.
오오, 내 사랑은 아름다운 곡조로
감미롭게 연주되는 노래이어라.

귀여운 사람아,
네가 귀여운 만큼
내 사랑 역시 그에 못지않게 깊어라.
바닷물이 모두 말라 버려도
나는 너를 사랑하리,
그리운 이여.

진정 바닷물이 모조리 말라 버리고
바윗돌이 햇볕에 녹아 버린다 해도
내 생명이 붙어 있는 한
진정 나는 너를 사랑하리라.

마음은 쓰라려도
이제 헤어져야 하나니
그러나 잠시 동안의 헤어짐이니.
나는 반드시 돌아오리라
비록 천 리 만 리나 된다 하여도.

## 워즈워스  William Wordsworth

1770~1850년. 영국 낭만주의의 중심적 시인으로, 잉글랜드 북부 컴벌랜드의 한 변호사의 아들로 태어났다. 쉬운 언어로 감동을 전하려고 한 그에게는 자연을 솔직하게 노래한 작품이 많다.
하지만 워즈워스의 자연은 있는 그대로의 자연이 아니라 '눈에 보이지 않는 것'이 인간의 상상력에 의해 환상으로 바뀐 것으로, 극히 인공적인 자연이라고 볼 수 있겠다.

# 뻐꾸기에게

오오, 명랑한 새 손님이여!
일찍이 들은 바 있는
그 소리 이제 듣고 나는 기뻐한다.
오오 뻐꾸기여! 너를 새라고 부를 것인가,
아니면 방황하는 소리라고 부를 것인가.

풀밭 위에 누워 듣고 있노라면
너의 두 갈래 목소리가 들려온다.
그것은 멀리서 또 가까이서 동시에 울려
언덕에서 언덕으로 건너가는 듯하다.

너는 골짜기를 향하여 햇빛과 꽃 이야기를
다만 재잘거리면서 말하고 있을 뿐이지만
내게 가져다 주는 것은
꿈 많던 소년 시절의 이야기로다.

잘 와 주셨다, 봄철의 귀염둥이여!
지금도 역시 너는 내게 있어서
새가 아니라 눈에 보이지 않는 것
하나의 목소리요, 하나의 신비로다.

내가 학교 다니던 때 귀를 기울였던
그것과 같은 소리, 그 소리를 찾아서
나는 사방 팔방을 둘러보았었지.
숲과 나무와 그리고 하늘을.

너를 찾느라고 여러 차례에 걸쳐
나는 숲과 풀밭을 헤매었었다.
너는 언제나 희망이었고 사랑이었다.
언제나 그리움이었으나 모습은 보이지 않았다.

지금도 나는 네 소리를 들을 수 있구나.
들판에 누워 귀를 기울이면
어느덧 꿈 많고 행복스러웠던 소년 시절이
나에게 다시금 되돌아온다.

오오 행복스러운 새여!
우리가 발 붙이고 있는 이 대지가
다시금 멋진 꿈나라가 되고
네가 살기에 적합한 곳이 되는 듯하구나.

# 초원의 빛

여기 적힌 먹빛이 희미해짐에 따라
그대 사랑하는 마음
희미해진다면
여기 적힌 먹빛이 사라져 버리는 날
나 그대를 잊을 수 있을 것입니다.

초원의 빛이여!
꽃의 영광이여!

그것이 돌아오지 않음을
서러워 말아라.
그 속에 간직된 오묘한 힘을 찾을지라.
초원의 빛이여!
그 빛이 빛날 때
그 때 영광 찬란한 빛을 얻으소서

## 무 어  Thomas Moore

1779~1852년. 아일랜드의 국민 시인으로 일컬어지고 있으며, 시인 바이런과 친교를 맺어 〈바이런 전기〉를 발표하기도 하였다.
시집 《일리시 멜로디스》는 아일랜드의 민요를 모은 것으로, 좋은 평을 얻었다.

# 늦게 핀 여름의 장미

오직 한 송이 피어 남아 있는
늦게 핀 여름의 장미여.
아름다운 벗들은 모두 다
빛바래어 떨어지고 이제는 없다.
붉고 수줍은 빛깔을 비추면서
서로 한숨을 나누고 있다.
벗이 되어 주는 꽃도 없고
옆에 봉오리진 장미조차 없다.

쓸쓸하게 줄기 위에서
시들고 말아서야 될 노릇이랴.
아름다운 벗들 모두 잠들었으매
가서 너도 그들과 함께 자거라.
그러기 위해 너의 잎을 잠자리에
정성껏 뿌려 주리라.
너의 벗들이 향내조차 없이
누워 있는 그 근방에다.

네 뒤를 따라 나 또한 곧 가리니
벗들과의 사귐도 바래지고
빛나는 사랑의 귀한 굴레로부터
구슬이 한 방울 한 방울 떨어져 사라질 때
진실된 사람들 숨겨 눕고
사랑하는 사람들 덧없이 사라질 때,
침울한 세상에 오직 혼자서
아아! 누가 길이 살 수 있으랴?

## 바이런 George Gordon Byron

788~1824년. 영국의 시인. 셸리, 키츠와 더불어 영국의 3대 낭만파 시인 중 한 명으로 꼽히는 바이런은 격렬한 성격의 소유자로 유명하다. 나면서부터 절름발이였으나 우아한 얼굴과 뛰어난 시적 재능을 지니고 있던 그는 끊임없이 열렬한 사랑을 하였다. 1816년에 그는 영국을 떠나 벨기에, 스위스, 이탈리아를 전전하면서 창작활동을 계속하여 많은 걸작을 남겼다.

## 그러면 내가 맥없이 있을 때


그러면 내가 맥없이 있을 때 그대는 울겠다는 것이냐?
사랑하는 사람이여, 그 말을 다시 한 번 들려다오.
그러나 말하기가 슬프면 말하지 말아라.
나는 결코 네 마음을 슬프게 하고 싶지 않다.

내 마음은 슬프고, 희망은 사라졌다.
가슴에 흐르는 피는 싸늘하게 식었다.
내가 이 세상을 떠나 버린다면 너만이
내가 잠든 곳에 서서 한숨을 쉬어 주리라.
그러나 나는 괴로움의 구름 사이를 누비며
한 줄기 평안의 빛이 빛나듯이 느껴진다.
그러면 슬픔은 잠시 사라지게 되나니
그대 마음이 날 위해 탄식해 줌을 알기 때문이다.

사랑하는 이여, 네 눈물에 축복이 있으라.
울 수조차 없는 사람을 위해 그것은 부어진다.

좀처럼 눈물을 모르는 사람에게는
그런 눈물방울이 가슴에 한껏 스미게 된다.

사랑하는 이여, 내 마음도 지난날엔 따뜻했고
느낌 또한 네 마음처럼 부드러웠었다.
하지만 아름다움조차도 나를 진정케 못하고
한숨짓기 위해서만 창조된 가련한 사나이다.

그런데도 내가 맥없이 있을 때
너는 눈물을 흘려 주겠다는 것이냐?
사랑하는 이여, 그 말을 다시 한 번 들려 다오.
하지만 말하기가 슬프면 말하지 말아라.
나는 결코 네 마음을 슬프게 하고 싶지 않다.

## 셸리　Percy Bysshe Shelley

1792~1822년. 영국의 시인. 1811년 옥스퍼드 대학 재학 중에 '무신론의 옹호'라는 팜플렛을 간행하여 퇴학을 당했고, 그 해에 열여섯 살의 소녀 해리에트 웨스트브룩과 경솔한 결혼을 했다. 몇해 후, 윌리엄 고드윈의 딸 마리와 재혼을 하였으며 그 시기에 바이런과 친교를 맺었다. 그는 섬세한 정감을 노래한 전형적인 서정시인으로 영국 낭만파 중에서 가장 이상주의적인 미래를 제시했다.

# 서풍의 노래

### 1

오, 거센 서풍──그대 가을의 숨결이여,
보이지 않는 네게서 죽은 잎사귀들은
마술사를 피하는 유령처럼 쫓기는구나.
누렇고, 검고, 창백하고, 또한 새빨간
질병에 고통받는 잎들을, 오 그대는
시꺼먼 겨울의 침상으로 마구 몰아가

날개 달린 씨앗을 싣고 가면, 그것들은
무덤 속 시체처럼 싸늘하게 누워 있다가
봄의 파란 동생이 꿈꾸는 대지 위에,

나팔을 크게 불어 향기로운 꽃봉오리를
풀 뜯는 양 떼처럼 공중으로 휘몰아서
산과 들을 생기로 가득 차게 만든다.

거센 정신이여, 너는 어디서나 움직인다.
파괴자며 보존자여,
들어라, 오 들어라!

2
네가 흘러가면 험한 하늘의 소란 가운데
헐거운 구름은 하늘과 대양의 가지에서
대지의 썩은 잎처럼 흔들려 떨어진다.

비와 번개의 사자들, 네 가벼운 물결의
파란 표면 위에 어느 사납기 짝이 없는
미내드의 머리로부터 위로 나부끼는

빛나는 머리칼처럼, 지평선의 희미한
가장자리에서 하늘 꼭대기에 이르기까지
다가오는 폭풍우의 머리칼이 흩어진다.

너, 저무는 해의 만가여, 어둠의 이 밤
네가 증기의 모든 힘으로써 이룬
둥근 천장과 돔의 큰 무덤이 될 것이며,

짙은 대기를 뚫고 내리는 검은 비와
번개 우박이 쏟아져 내리리.
오, 들어라!

## 3

베이 만 경석의 섬 가에서
수정 같은 조류의 손길로 잠이 들어
상상만 해도 감각이 아찔해질 정도로

아름다운 하늘색 이끼와 꽃들로 뒤덮인
옛날의 궁전과 높은 탑들이 파도에
더욱 반짝이는 햇빛 속에 떨고 있음을.

꿈에 보고 있는 푸른 지중해 바다를
그의 여름 꿈에서 일깨운 너!
너의 앞길을 위해 대서양의 잔잔한 세력들은

갈라져 틈이 나고, 훨씬 아래에서는
바다꽃과 바다의 물기 없는 잎을 가진
습기에 찬 숲이 네 목소리를 알고서

겁에 질려 별안간 창백해지면서
온몸 떨며 잎이 진다.
오, 들어라!

## 4

만일 내가 휘날리는 한 잎 낙엽이라면
만일 내가 한 점의 빠른 구름이라면

네 힘에 눌려, 충동을 같이할 수 있고

한 이랑의 파도라면, 물론 너만큼
자유롭진 못하나, 억제할 수 없는 자,
만일 내가 내 어릴 적 시절과 같다면

하늘을 방랑하는 네 벗이 되었으련만
너의 하늘에서의 속력을 이겨 내는 것이
결코 공상만이 아닌 그 때 같기만 하면

나는 이렇듯 기도하며 겨루지 않았으리.
오, 나를 파도나 잎과 구름처럼 일으켜라.
나는 인생의 가시에 쓰러져 피흘린다.

시간의 중압이 사슬로 묶고 굴복시켰다.
멋대로며, 빠르고, 거만하여 너 같은 나를.

5

나로 너의 거문고가 되게 하라, 저 숲처럼
내 잎새가 숲처럼 떨어진들 어떠랴!
너의 힘찬 조화의 난동이 우리에게서

슬프지만 달콤한 선율을 얻으리라.
너 거센 정신이여, 내 정신이 되어라!

네가 내가 되어라, 강렬한 자여!

내 꺼져 가는 사상을 온 우주에 몰아라.
새 생명을 재촉하는 시든 잎사귀처럼!
그리고 이 시의 주문에 의하여

꺼지지 않는 화로의 재와 불꽃처럼
인류에게 내 말을 널리 퍼뜨려라.
내 입술을 통하여 잠깨지 않는 대지에.

예언의 나팔을 불어라! 오오, 바람이여,
겨울이 오면 어찌 봄이 멀 것이랴?

## 키 츠 John Keats

1795~1821년. 영국의 시인. 26세의 젊은 나이로 요절한 시인으로, 셸리와 함께 영국 낭만주의를 대표한다. 런던에서 마차 대여업자의 아들로 태어났으나 일찍이 부모를 여의었다. 의사가 되려 했으나 뜻을 이루지 못하고 시작에 열중하게 되었다. 시인으로서는 야심작 〈엔디미온〉(1818) 외에 뛰어난 작품을 많이 남겼다.

## 나이팅게일에게 부쳐서

내 가슴은 아프고, 잠을 청하는 마비가
나의 감각을 아프게 한다.
그것은 마치 독약을 삼키고
또는 둔하게 만드는 아편을 찌꺼기까지 마셔 버리고
이윽고 망각의 강으로 가라앉는 듯하다.
네 행운을 시샘해서가 아니라
네 행복에 접하고 나는 너무 행복하기 때문이다.
날개조차 가볍게 날아다니는 너는 숲의 정령.
초록색 가지 편 너도밤나무 숲 그 짙은 녹음에서
울림도 아름답게 목청도 좋게,
너는 여름을 노래하기 때문이다.

아아! 한 잔의 포도주를 마시고 싶구나.
깊이 파진 땅 속에서 여러 해 냉각되고
꽃내음과 전원의 초록과 춤과 남국의 노래,
그리고 햇볕 가득 쬔 환락의 맛이 나는 술을.
아아! 그 잔에 따뜻한 남구의 멋진 술 넘치며

진실과 시의 붉은 샘물을 기리는 것이다.
잔 주둥이에까지 구슬진 방울이 떠돌고
마시는 입은 보라색으로 물들게 된다.
그 술을 마셔 사람 몰래 이 세상에서 떠나
너와 함께 어슴푸레한 숲 속으로 사라지고 싶다.

멀리 사라져서 녹아 잊혀지고 싶다.
나무 잎새 사이에 사는 네가 결코 모르는 것,
권태로움과 열병과 번뇌를 잊고 싶다.
이 세상에서는 사람들이 앉아 탄식하기만 하고,
중풍든 노인은 몇 개 안 남은 백발을 슬퍼하며,
젊은이는 창백한 유령처럼 야위어 죽는다.
생각하기만 하여도 슬픔과
헤어날 길 없는 절망으로 가득 차서
미인은 반짝이는 눈동자를 간직할 수 없고,
새로운 사랑은 내일을 지나서
그 눈동자를 그리워할 수 없다.

가거라! 술, 바커스와 그 표범이 끄는
수레를 타지 않고, 시의 보이지 않는 날개를 타고
너 있는 곳으로 날아가리라.
둔한 머리는 머뭇거리게 하고 더디게 했으나
이제는 이미 너와 함께 있다.
밤은 포근하고 여왕인 달도 그 자리에 앉아
별들이 시중을 들고 있나니.

그러나 여기에는 빛이 없다.
어두컴컴한 나무 그늘과 이끼 낀 굽은 길에
산들바람 불 때 스미는 하늘에서의 빛이 있을 뿐.

발 아래 피어 있는 것이 무슨 꽃인지 나는 모르고
나뭇가지에 어리는 향긋한 냄새가 무엇인지 모른다.
하지만 향기 찬 어두움에서 그 냄새를 짐작건대
5월이 내린 떨기와 풀과 야성의 과일나무 냄새,
하얀 아가위에 목장의 들장미,
나무 그늘 아래 핀 생명 짧은 오랑캐꽃,
그리고 5월 중순의 맏이인
아직은 봉오리진 사향장미에다 여름철 저녁때
달콤한 꽃꿀이 이슬처럼 맺혀
붕붕거리는 날벌레들이 몰려 온다.

어둠 속에서 나는 듣는다. 여러 차례에 걸쳐
편안한 '죽음'을 나는 거의 사랑하듯 바라고,
수많은 명상시에 있는 이름으로
죽음을 부르고 공중에 고요히 숨을 거두려 했다.
그 어느 때보다 지금이 죽기에 행복한 듯하여
이 한밤에 고통 없이 죽고 싶어라.
그 사이에 너는 이렇듯이 황홀하게
영혼을 기울여 노래를 부르누나!
너는 계속해 노래하나, 나 이미 듣지 못하리.
네 숭고한 진혼가에 나는 싸늘한 흙이 되리니.

너는 죽기 위해 태어난 것이 아니다.
불멸의 새여! 굶주림과 고뇌의 시대가 너를
멸하게 하지는 못하리라.
깊어 가는 이 밤에 듣는 네 노랫소리는
옛날에 황제도 또 농부도 들었다.
모름지기 같은 노래는
이국의 밭에서 고향 그리워
눈물 젖은 룻의 가슴을 에게 했으리라.
같은 노래는 또한 때로 마술의 창문을 매혹하나니
'쓸쓸한' 신선 나라의 물결 출렁이는 거친 바다에
열려져 있는 그 창문을.

쓸쓸하다! 이 말이 종소리같이 울려서
너로부터 나에게로 되울려 부르고 있구나!
잘 가거라! 공상은 소문난 정도만큼 교묘하게
속이지 못하도다. 배반의 요정이여!
잘 가거라! 잘 가거라!
네 슬픈 노래 사라진다.
가까운 목장을 지나, 고요한 시내를 건너
언덕을 올라가 지금은 맞은편 골짜기 사이에
깊이 묻히고 말았나니
그것은 환상이었던가,
아니면 백일몽이었던가?
노래는 사라졌다.

나는 깨어 있는가, 자고 있는가?

# 그리스 옛 항아리에 부치는 노래

너는 더럽혀지지 않은 고요한 신부,
침묵과 기나긴 세월 속에 자란 양자,
너는 숲의 역사가, 우리 시인의 노래보다 묘하게
꽃처럼 아름다운 노래를 이렇듯 전할 수 있나니.
네 둘레에 감도는 것은 그 어떤 전설인가.
그것은 템페의 골짜기인가, 아니면 아르카디아 언덕의
신들의 일인가, 사람들의 일인가, 또는 신과 사람의 일인가?
그것은 무슨 사람일까, 어떤 신일까,
도망치려 하는 것은 어떤 소녀일까?
그 얼마나 미친 듯한 구애인가,
또한 도망치려 하는 몸부림인가?
그 어떤 피리며 또 어떤 북인가?
그리고 얼마나 미친 듯한 환희인가?

귀에 들려오는 선율은 아름다우나,
이를 울리지 않는 선율은 더욱 아름답다.
자, 네 부드러운 피리를 계속 불어라.
육신의 귀에다가 불지 말고 좀더 친밀히
영혼을 향해 소리 없는 노래를 불러라.
나무 그늘에 있는 아름다운 젊은이여,
네 노래는 멈추어지는 일 없고,
이 나무들의 잎도 결코 떨어지지 않는다.
사랑에 빠진 젊은이여, 너는 결코 입맞출 수 없으리라.

목표 가까이 닿긴 해도──하지만 슬퍼 말아라.
비록 크나큰 기쁨을 얻지 못할지라도
그녀는 빛바래는 일 없으니
영원히 사랑하라.
그녀는 영원히 아름다우리라.
아아, 너무나 행복한 나뭇가지들이여!
잎은 지는 일 없고, 봄에 이별을 고하는 일도 없다.
또한 행복한 연주자여,
그대는 피곤한 줄도 모르고
영원히 새로운 노래를 연주할지니
더욱 행복한 사랑이여! 너무나 행복한 사랑이여!
언제나 따스하고 영원히 즐거워라.
언제까지나 불타듯 추구하고 언제까지나 젊도다.
살아 있는 인간의 정열이란
끊임없이 추구하여 가슴은 슬픔으로 넘치고,
이마는 불타며 혀는 타올라
네 사랑에 미치는 것이 아닐지니.


이 희생 의식에 관여하는 사람들은 과연 누구인가?
오오! 신비로운 사제여, 비단과 같은 몸에다
어떤 초록빛 제단으로 데리고 가는가.
이 거룩한 아침, 여기 모인 사람들이 남겨 두고 온 것은
강변의 어느 작은 마을이던가, 바닷가의 마을이던가?
아니면 평화로운 성채로 둘려진 산 위의 마을이던가?
조그마한 마을이여, 네 거리는 영원히

조용해질 것이리라. 그리고 한 사람도
돌아와 황폐해진 까닭을 말하는 사람 없으리니.

오오, 아티카의 형제여! 아름다운 모습이여!
대리석 남자와 여자가 조각되어 있고
숲의 나뭇가지와 짓밟힌 풀들도 그려져 있다.
너는 침묵의 모습, 영원이 시키는 것처럼
우리를 사고의 저쪽으로 몰아낸다. 차가운 목가!
늙음이 지금의 사람들을 멸하게 할 때
너는 인간의 친구가 되어
지금 고뇌와 다른 괴로움 속에 남아
인간에게 이렇게 말할 것이다.
"아름다운 것은 진리요, 진리는 아름다움이다."
이것이 세상에서 인간이 알고 있는 전부요,
알아야 할 전부이러니.

# 채프먼의 호머를 처음 읽고서

내 일찍이 황금의 영토를 끝없이 여행하였고,
수많은 황홀한 나라와 왕국들을 보았었지.
시인들이 아폴로 신에게 충성을 다하는
많은 서쪽 나라들도 돌아다녔고,
가끔 이마 훤한 호머가 다스렸던
한 넓은 땅 이야기도 들은 바 있었다.
그러나 채프먼의 음성을 들을 때까지는
그 땅의 순수한 공기를 맛보지 못했으니.
비로소 나는 느꼈다──천체의 감지자가
시계 안에 새 유성이 헤엄침을 본 듯.
또는 용감한 코르테스가 날카로운 눈으로
말없이 다리엔의 한 봉우리에서
태평양을 응시하고, 그의 부하들은
온갖 억측으로 서로 얼굴을 바라보듯.

1793~1864년. 영국의 시인. 영국 노댐프톤에서 출생. 어린 시절 학교 친구 가운데 마리 조이스라는 여학생과 친하게 되었다. 클레어는 그녀에게 플라토닉한 사랑의 감정을 품게 되었고, 그 감정은 일생 동안 사라지지 않았다. 그가 시를 쓰기 시작한 것은 그 때부터이다. 이 시는 바로 마리를 향한 사모의 마음을 노래한 작품이다.

# 마 리

저녁 한때
삼라만상이 고요하기 그지없고,
초승달이 그 얼굴을
하늘과 더불어 강에 비춘다.
우리가 거니는 길에 밀리면서도
등심초 나란히 줄지은 호수는 거울처럼 맑다.

내 사랑하는 사람의 마음이여,
거닐고 있는 나에게
한없이 즐거운 환상을 속삭이는 것이여,
이제 걸음을 멈추고 나와 더불어
이 고요한 때에 핀 아름다운 꽃을 꺾어
집에 가져 가자꾸나,
반짝이는 이슬도 떨치지 않으리.

마리, 네 착한 마음이여,
내일 밝은 해가 빛날 때에

네 까만 눈동자는 이 꽃을 보리니
내가 슬픔 속에서 모은 것
정처 없이 오직
혼자서 거니는 고요한 한때지만
너와 함께 거닐고 싶어라.

## 테니슨 Alfred Tennyson

1809~1892년. 영국의 시인. 테니슨은 케임브리지 대학 시절에 친구 아서 핼럼과 사귀게 되었는데, 아서 핼럼이 젊은 나이에 죽게 되었다. 테니슨은 아서 핼럼의 죽음을 애도하여 《인 메머리엄》을 노래하게 되었다. 이 작품이 나오던 해에 테니슨은 워즈워스의 뒤를 이어 계관시인이 되었고, 1884년에 빅토리아 여왕으로부터 기사 칭호를 받았다.

## 울려라, 힘찬 종이여
——《인 메머리엄》에서

울려라 힘찬 종이여, 거친 하늘에
날아가는 구름에, 싸늘한 빛에.
오늘 밤으로 이 해는 지나가 버린다.
울려라 힘찬 종이여, 이 해를 가게 하여라.

낡은 것 울려 보내고, 새로운 것 울려 맞이하라.
울려라 기쁜 종소리여, 흰눈 저 너머
해는 이제 저무노니, 이 해를 울려 보내라.
거짓을 울려 보내고, 진실을 울려 맞으라.

울려 보내라, 이 세상에서 영원히 만날 수 없는
그 사람을 생각하며 가슴에 번지는 이 슬픔을.
빈부의 차이에서 오는 반목을 울려 보내고
만민의 구제를 울려 맞아라.

울려 보내라, 이윽고 사라질 주장을,

당파의 나쁜 습성인 그 다툼을
울려 맞아라, 보다 드높은 삶의 방법을
보다 아름다운 예절, 보다 깨끗한 도덕을 지켜라.

울려 보내라, 이 세상의 결핍과 고뇌와 죄악을
그리고 싸늘한 불신의 마음을
울려라 울려 퍼져라, 내 애도의 노래를
울려 맞아라, 보다 교묘한 노래를

울려 보내라, 좋은 가문과 지나친 신념을
그리고 이 세상 사람들의 중상과 모략을
울려 맞아라, 진실과 정의의 사랑을
울려 맞아라, 한없이 선한 사랑을

울려 보내라, 세상에 있는 고질병 전부를
울려 보내라, 마음에 꽉 찬 황금의 욕망을
울려 보내라, 지나간 수천 차례의 전쟁을
울려 맞아라, 영원한 평화를

울려 맞이하라, 용기와 자유의 사람
보다 관대한 마음과 보다 자비 넘치는 손을
이 나라의 어두움을 울려 보내라.
울려라, 오시는 그리스도를 맞이하기 위해.

## E. 브라우닝 _Elizabeth Browning_

1806~1861년. 영국의 시인. 시인 로버트 브라우닝의 부인이다. 조숙한 천재로서 여덟 살 때 호메로스의 서사시를 그리스 어로 읽었고, 14세 때 서사시 〈마라톤의 전쟁〉을 써서 출판하였다.

시인으로 유명해지자 그 당시 아직 무명 시인에 지나지 않았던 로버트와 서신 연락을 가지게 되었고, 마침내 청혼을 받게 되었다. 로제티와 더불어 영국을 대표하는 여류 시인이다.

## 당신을 어떻게 사랑하느냐고요?

당신을 어떻게 사랑하느냐고요? 헤아려 보죠.
비록 그 빛 안 보여도 존재의 끝과
영원한 영광에 내 영혼 이를 수 있는,
그 도달할 수 있는 곳까지 사랑합니다.
태양 밑에서나 또는 촛불 아래서나,
나날의 얇은 경계까지도 사랑합니다.
권리를 주장하듯 자유롭게 당신을 사랑합니다.
칭찬에서 돌아서듯 순수하게 당신을 사랑합니다.
옛 슬픔에 쏟았던 정열로써 사랑하고,
내 어릴 적 믿음으로 사랑합니다.
세상 떠난 성인들과 더불어 사랑하고,
잃은 줄로만 여겼던 사랑으로써 당신을 사랑합니다.
나의 한평생 숨결과 미소와 눈물로써 당신을 사랑합니다.
주의 부름 받더라도 죽어서 더욱 사랑하리다.

## R.브라우닝  Robert Browning

1812~1889년. 영국의 시인. 테니슨과 함께 빅토리아 시대의 대표적 시인으로, 독학에 의해 역사와 고금의 문학을 탐구한 주지적인 시인이다. 뛰어난 시적 감각과 풍부한 어휘로써 높은 평가를 받았다.
대표작에 〈남과 여〉, 〈반지와 책〉, 〈안드레아 델 사르토〉 등이 있다.

# 밀 회

회색 바다, 한없이 캄캄한 언덕
금방 지려 하는 크고 노란 반달
잔 물결은 잠에서 깨어나
둥근 고리 이루며 불꽃처럼 흩어진다.
나는 조각배를 몰아 샛강을 흘러서
물에 젖은 갯벌에서 배를 멈춘다.

바다 향기 그윽한 따스한 갯벌을 지나고
들판을 세 번 건너 농가에 이른다.
가벼이 창을 두드리며, 이어 성냥 켜는 소리
타오르는 파란 불꽃
목소리는 두 사람의 심장 합친 소리보다 낮고
기쁨과 두려움으로 마냥 설레는구나.

## 아널드  Matthew Arnold

822~1888년. 영국의 시인. 옥스퍼드 대학의 역사학 교수를 역임하며 영국 문단을 이끈 시인이자 평론가이다. 그의 시는 억제된 표현에도 불구하고 낭만적이며 잃어가는 젊음을 한탄하고 회의가 가득찬 시대를 명상한다. 주요 저서로 《비평론집》, 《교양과 무질서》 등이 있다.

## 마거릿에게

그렇다, 삶의 바다에서 섬이 되어
서로의 사이에는 물결치는 소리 들리는 해협이 있고
기슭 없는 물의 황야에 점점이 위치하여
우리들 무수한 인간은 고독하게 산다.
섬들은 각기 에워싼 물의 흐름을 느끼고
더욱이 끝없이 넓은 세계를 느낀다.

그러나 달이 그들의 골짜기를 비추고,
화사한 봄바람이 그 위를 불어 지나가
별이 반짝이는 밤에 섬의 골짜기에서
밤새가 소리 높이 노래하여
그 아름다운 가락이 기슭에서 기슭으로
해협을 건너 물목을 건너서 울려퍼지면

아아, 그 때 절망과도 비슷한 동경이
머나먼 동굴에까지 이르게 된다.
왜냐하면 확실히 자기네가 일찍이

오직 하나의 대륙의 일부라고 생각하기 때문이다.
지금 우리네 주위에는 대양이 펼쳐져 있다.
아아, 우리의 기슭이 다시 만날 수 있다면.

누가 정해 놓은 것인가, 그들의 갈망의 불꽃이
타오르고서 즉시 꺼져 싸늘하게 만든 것은
누가 그들의 깊은 바람을 공허하게 하는가.
그 어느 신, 신께서 그 분리를 정하고
또한 하나하나의 기슭 사이에는
소금을 지녀 사이를 가르는 바다를 놓도록 지시했으리.

## 로제티 Christina Georgia Rossetti

1830~1894년. 영국의 시인. 런던에서 태어나 병약한 몸으로 노모를 돌보면서 은둔자처럼 고요하게 살았다. 그녀는 이미 열두 살 때부터 종교적인 깊은 감정을 솔직한 언어로 표현하여 엘리자베스 브라우닝과 더불어 영국의 가장 뛰어난 여류 시인으로 꼽히고 있다.

# 생일날

내 마음은
파릇한 가지에 둥지 짓고 노래하는 새와 같다.
내 마음은
가지가 휘듯 열매 달린 사과나무와 같다.
내 마음은
잔잔한 바다에서 놀고 있는 보랏빛 조개 같다.
내 마음이
그보다 더 설렘은 그이가 오기 때문이다.

나를 위해 명주와 솜털의 단을 세우고
그 단의 모피와 자주색 옷을 걸쳐 다오.
거기에다 비둘기와 석류
백 개의 눈을 가진 공작을 조각하고
금빛 은빛 포도송이와
잎과 백합화를 수놓아 다오.
내 생애의 생일날이 왔고
내 사랑하는 이가 내게 왔으니.

## 스티븐슨 Robert Louis Stevenson

1850~1894년. 영국의 시인. 소설가이자 시인. 교훈적인 뜻이 포함된 괴기한 상황이나 환상적인 세계를 그리며, 19세기 영국 문학에서 독자적인 위치를 차지하였다. 작품으로 〈보물섬〉, 〈지킬 박사와 하이드〉 등이 있다.

# 진혼곡

별빛 아름다운 넓은 하늘 아래
무덤 파고 거기에 나를 눕혀 다오.
나 즐겁게 살았고 또 즐겁게 죽으니
즐거이 또한 이 몸 눕노라.

묘비에 새길 시구는 이렇게 써 다오.
오래 바라던 곳에 그는 누워 있느니,
바다에 갔던 뱃사람 집으로 돌아오다.
산으로 갔던 사냥꾼 집으로 돌아오다.

## 스윈번 Algernon Charles Swinburne

1837~1909년. 영국의 시인. 스윈번의 시세계는 테니슨과 마찬가지로 기교파라 할 수 있다. '그 어떤 대상이든 음악으로 만들고 마는 한 줄기 갈대피리'라고 테니슨이 평한 바와 같이 그의 시는 현실과는 동떨어진 아름다운 리듬이 흐르고, 서정성이 그의 문체에 풍부하게 넘치고 있다.

# 걸음마

아장아장 걸음마,
아름다운 꽃 활짝 핀
5월의 들길보다 부드럽고 예쁘게
우리 아기 걸음마는 비틀거린다.
아장아장 걸음마

새벽 하늘 같은 맑은 눈으로
엄마의 눈만 향해 마주 바라보며
노래하듯 즐거워

황금빛 봄날을 반기듯 즐거운 얼굴
그 첫날의 한 토막 놀이런가.
사랑과 웃음으로 귀여운 다리 끌며
아장아장 걸음마

## 시먼스 Arthur William Symons

1865~1945. 영국의 시인. 영국에서의 상징주의 운동의 지도자로 활약하였다. 그의 참다운 문학 정서는 인생의 윤리 도덕과 관계없는 것이라는 입장에서 순수하게 예술을 위한 예술을 주장하였고, 감각적이며 순간적인 착상이야말로 귀중한 것이라 하였다. 시집으로 《런던 밤 경치》가 있다.

## 사랑한 뒤에

이제 헤어지다니, 이제 헤어져
다시는 만나지 못하게 되다니.
영원히 끝나다니, 나와 그대
기쁨을 가지고, 또 슬픔을 지니고.

이제 우리 서로 사랑해선 안 된다면
만남은 너무나 너무나도 괴로운 일,
지금까지는 만남이 즐거움이었으나
그 즐거움은 이미 지나가 버렸다.

우리 사랑 이제 모두 끝났으면
만사를 끝내자, 아주 끝내자.
나, 지금까지 그대의 애인이었으면
새삼 친구로 굽힐 수야 없지 않은가.

## 홉킨스  Gerard Manley Hopkins

1844~1889년. 영국의 시인. 목사였던 그의 시는 생전에 전혀 이해되지 못했다. 현대 영국시는 그에게서 비롯된다고 하지만, 그 당시 그의 새로운 리듬과 신선하고 개성적인 언어는 이해될 수가 없었던 것이다. 이 시에는 인류 평화에 대한 염원이 짙게 배어 있다.

# 평 화

평화, 너 낯선 산비둘기여,
너 언제나 그 놀라기 잘하는 날개 접어
이 이상 더 내 주위를 방황 말고,
내 나무 그늘에 쉬려는가?
평화여,
언제나 너는 평화로우려나?
나는 나 자신의 마음에 대해
위선자가 되지는 않으련다.
어느 때든지 네가 오기를 기다리마.
그러나 겉치레의 평화는 어리석은 것.
어느 순수한 평화가 전쟁을 경고하고,
전쟁을 굴복시키고,
전쟁의 끝장을 가져오려나?

오오, 내 주는 정녕 평화를 빼앗는 대신
얼마간 보류하는 것──훗날 평화를 자랑하기 위해
일단 자연 속으로부터 나왔을 바에는 결코 다시는

142 ▣ 세계 대표 명시선

자기의 형체를 어떤 물질로부터든 취하지 않고
단련한 황금과 황금 도금으로
그리스의 금 세공장이가 만든 모습을 따르리라.
졸음겨운 제왕을 깨우기 위해서
또는 황금 가지에 놓여져
과거와 현재와 미래의 일들을
비잔티움의 귀족과 숙녀들에게
노래해 주기 위해서.

## 다우슨 Ernest Dowson

1867~1900년. 영국의 시인. 다우슨은 옥스퍼드 대학을 중퇴하고 '시인 클럽'에 가입
했으나, 그 무렵 종교적인 구원을 추구하면서 방탕한 생활을 보내고 있었다. 그래도 가
까스로 시를 쓰는 일만은 계속하였다. 그리하여 세기말의 절창 〈시나라〉가 탄생하였다.
서른두 살의 젊은 나이로 죽었다.

## 시나라

——지금의 나는 사랑스러운 시나라와 함께 있을 때의 내가 아니
다.

지난 밤, 아 어젯밤에 그녀와의 입술 사이에
시나라여! 그대의 그림자가 어른거리며
그대 숨결이 입술 사이와 내 영혼에 내려왔었지.
하여 나는 쓸쓸해지며,
옛사랑이 괴로워서
그래, 나는 쓸쓸해져 머리 숙였지.
시나라여, 나는 그대에게 충실했었다.

내 가슴 위에서 밤새껏 그녀의 가슴은 고동쳤고,
내 품 안에 밤새껏 그녀는 누워 있었느니라.
돈으로 산 그녀의 키스는 정녕 달콤했으나
그래도 나는 쓸쓸했고,
옛사랑이 괴로웠다.
내가 잠 깨어 먼동이 트는 것을 볼 무렵
시나라여, 나는 그대에게 충실했었다.

나는 잊었다, 시나라!
바람과 함께 사라진 백합을 기억에서 지우려 춤추며
남 따라 야단스레 장미를, 장미꽃을 던졌으나
그래도 나는 쓸쓸했고,
옛 사랑으로 무척이나 괴로웠다.
그래, 춤에 빠져서 나는 마냥 고민했지.
시나라여, 나는 그대에게 충실했었다.

나는 자극스런 음악과 독한 술을 원했으나
향연이 끝나고 램프가 꺼지면
그대 그림자 진다, 시나라여! 밤은 그대의 것
하여 나는 쓸쓸했고,
옛사랑이 괴로워서
그대, 내 연인의 입술을 갈망했었지!
시나라여, 나는 그대에게 충실했었다.

 예이츠 William Butler Yeats

1865~1939년. 영국의 시인. 더블린에서 출생. 예이츠는 1923년에 노벨 문학상을 받은 세계 최고의 시인 중 한 사람으로, 문예 부흥에 적극 힘썼다.
시집에 《탑》, 《나선 계단》, 희곡에 〈캐슬린 백작 부인〉, 〈매의 우물〉 등이 있다.

## 쿨 호수의 백조

나무들은 아름답게 가을 단장을 하고
숲 사이의 오솔길은 메마른데
10월의 황혼 아래 물은
고요한 하늘을 비춘다.
바위 사이로 넘치는 물 위에
떠다니는 쉰아홉 마리의 백조

내가 처음 세어 보았을 때로부터
열아홉 번째 가을이 찾아왔구나.
그 때는 내가 미처 다 세기도 전에
모두들 갑자기 치솟아 올라
커다란 원을 그리면서
날갯짓 소리도 요란히
흩어졌던 것을.

저 눈부신 새들을 바라보노라면,
내 가슴은 쓰라려온다.
맨 처음 이 기슭에서 황혼에

머리 위의 요란한 날갯짓 소리를 들으며,
보다 가벼운 걸음으로 걸은 그날 이후로,

아직도 지칠 줄 모르고 자기 짝끼리
그것들은 차가운 정든 물결을
헤엄치거나 공중을 날아가나니
그들의 마음은 늙지 않았다.
어디를 헤매든지 그들에게는
정열과 패기가 항상 따른다.

하지만 그들은 지금 고요히 물 위를 떠난다.
신비롭게, 또 아름답게
어느 동심초 사이에 둥우리를 짓고
어느 호숫가 또는 물웅덩이에서
사람들의 눈을 즐겁게 할 것인가.
내 언젠가 잠깨어
그들이 날아가 버렸음을 깨달을 때.

# 이니스프리 호수섬

일어나 지금 가리,
이니스프리로 가리.
가지 얽고 진흙 발라 조그만 초가 지어
아홉 이랑 콩밭 일구어, 꿀벌 치면서
벌들 잉잉 우는 숲에
나 홀로 살리.

거기 평화 깃들어 고요히 날개 펴고
귀뚜라미 우는 아침 노을 타고 평화는 오리.
밤중조차 환하고, 낮엔 보랏빛 어리는 곳
저녁에는 방울새 날갯짓 소리 들리는 그곳.

일어나 지금 가리, 밤에나 또 낮에나
호숫물 찰랑이는 그윽한 소리 듣노니
맨길에서도, 회색 포장길에 선 동안에도
가슴에 사무치는 물결 소리 듣노라.

흄 ─ Thomas Ernest Hulme

1883~1917년. 영국의 시인. 젊은 나이에 요절한 흄은 이미지즘 운동에 매우 큰 영향을 끼쳤다. 흄의 작품의 특징은 아무런 기이한 면이 없는 듯하지만, 정서적인 표현을 완전히 배제하고 이미지만을 포착하고 있다는 점이다.

# 가 을

가을 밤의 싸늘한 감촉
나는 밖으로 나갔다.
밖에는 얼굴이 빨간 농부처럼
불그레한 달이 울타리 너머로 굽어보고 있다.
나는 말없이 고개만 끄덕였다.
도시의 아이들처럼 흰 얼굴로
사방의 별들은 어떤 생각에 골똘히 잠기어 있다.

## T.S. 엘리엇   Thomas Stearns Eliot

1888~1965년. 영국의 시인 · 극작가 · 비평가이다. 미국 미주리 주의 세인트루이스에서 태어나 하버드, 소르본, 옥스퍼드 등의 대학에서 철학을 공부한 뒤, 영국에 정착하여 영국 시민이 되었다.

학생 시대부터 전통적인 시를 썼으나 1911년에 〈J. 알프레드 프루프로그의 연가〉로 충격적인 등장을 한 이래로 계속 제일선에 서서, 끊임없는 문제를 던지면서 거대한 영향력을 행사하게 되었다. 그리스도 교회가 힘을 지니는 이상사회를 꿈꾸면서 〈황무지〉에서 현대의 지옥을 펼쳐 보인 엘리엇은 20세기 전반의 영미 시의 방향을 결정지었다 할 수 있다.

# 황무지

정말 쿠마에서 나는 한 무녀가 항아리 속에 달려 있는 것을
내 눈으로 똑똑히 보았다. 애들이, "무녀야, 넌 무얼 원하니?"
물었을 때, 무녀는 대답했다.
"난 죽고 싶어."

보다 훌륭한 예술가
에즈라 파운드에게

1. 사자의 매장

4월은 가장 잔인한 달, 라일락꽃을
죽은 땅에서 피우며,
추억과 욕망을 뒤섞고,
봄비로 활기 없는 뿌리를 일깨운다.

겨울이 오히려 우리를 따뜻이 해주었다.
대지를 망각의 눈으로 덮고, 마른 구근을 가진
작은 생명을 길러 주며
여름이 우리를 급습해 왔다, 시타른베르게르제 호를 넘어
소낙비를 가져와 우리는 회랑에 머물렀다가
햇볕이 나자 호프카르텐으로 가서
커피를 마시며 한 시간이나 이야기했지.
나는 러시아 인이 아니고,
리투아니아 출신의 순수한 독일인이에요.
어릴 적 내가 사촌 대공 집에
머물렀을 때, 사촌이 날 썰매에 태워 줬었는데
나는 겁이 났어요. 마리, 사촌이 소리쳤죠,
마리, 꼭 붙들어. 그리곤 미끄러져 내려갔어요.
산에선 자유로운 느낌이 들어요.
나는 밤엔 대개 책을 읽고, 겨울엔 남쪽으로 가요.

이 움켜잡는 뿌리는 무엇이며, 무슨 가지가
이 돌투성이 쓰레기 속에서 자라나는가? 인간의 아들아,
너는 말도 추측도 할 수 없다, 왜냐하면 너는 다만
부서진 우상더미만 알기 때문에.
거기엔 햇볕이 내리쬐고,
죽은 나무는 아무런 피난처도, 귀뚜라미는 아무런 위안도
주지 않고, 메마른 들엔 물소리도 없다. 다만
이 붉은 바위 밑에 그늘이 있다.
(이 붉은 바위 그늘 밑으로 들어오라)

그럼 나는 아침에 너의 등뒤에 성큼성큼 걸어오는
네 그림자나, 저녁때 너를 마중 나오는 그림자와도 다른
그 무엇을 보여 주리라.
나는 너에게 한 줌의 재 속에서 공포를 보여 주리라.


바람은 선선히
고향으로 부는데
아일랜드의 우리 임은
어디 있느뇨?


"일 년 전 처음으로 당신이 내게 히아신스를 줬기에
사람들이 날 히아신스 소녀라 불렀어요."
——그러나 네가 팔에 꽃을 한아름 안고, 늦게
머리칼이 젖은 채, 같이 히아신스 정원에서 돌아왔을 때,
나는 말할 수도 없고 눈은 안 보여, 나는
산 것도 죽은 것도 아니고, 아무것도 모르고
다만 빛의 핵심, 정적을 들여다보았다.
바다는 황량하고 쓸쓸하구나.


유명한 천리안 소소스트리스 부인은
심한 감기에 걸렸는데도
사악한 트럼프 한 벌을 가진
유럽 제일가는 여자 점쟁이로 알려져 있다.
그녀가 말했다,
여기 당신 카드가 있어요, 익사한 페니키아 수부예요.

(그의 눈은 진주로 변했어요. 보세요!)

이건 벨라돈나, 암석의 부인,
부정한 여인이에요.
이건 세 막대기를 가진 남자, 그리고 이건 바퀴,
이건 눈이 하나인 상인, 그리고 아무것도 안 그려진
이 카드는 이 상인이 등뒤에 짊어진
무엇인데 내가 못 보게 되어 있어.
그 교살된 남자를 못 찾겠는데요.
익사를 조심하세요.
사람들이 원을 그리며 돌아가는 것이 내게 보여요.
감사해요. 혹시 에퀴튼 부인을 만나시거든
천궁도를 내가 직접 가져간다고 말해 주세요.
요즘은 무척 조심하지 않으면 안 돼요.

유령 같은 도시,
겨울 새벽 갈색 안개 속을
런던 브리지 위로 사람들이 흘러갔다. 이렇게 많이,
이렇게도 많은 사람을 죽음이 파멸시켰으리라.
나는 결코 생각 못했다.
짧은 한숨을 이따금 내쉬며
각자 자기 발 앞을 주시하면서.
언덕을 올라가서 킹 윌리엄 가로 내려가
성 메어리 울노드 교회가 죽은 소리로 아홉 시의
마지막 일타를 울려 시간을 알리는 곳으로.

거기서 나는 친구를 하나 발견하곤 "스테슨!"
하고 소리쳐 그를 멈추게 했다.

자네, 밀라에 해전 때 나하고 같은 배에 타고 있었지!
작년 자네가 정원에 심었던 그 시체가
싹이 트기 시작했나? 올해에는 꽃이 필까?
혹은 갑작스런 서리가 묘목을 망쳤나?
오, 인간에게 친구인 '개'를 멀리하게,
그렇잖으면 그놈이 발톱으로 다시 파헤칠 거야!
그대! 원시적 독자여! 나의 동포 나의 형제여!

**포** Edga Allen Poe

1809~1849년. 미국의 시인이자 소설가. 에드거 앨런 포는 언어가 지닌 미묘한 뉘앙스를 추구한 시인이다. 짧고 불행한 생을 살았지만 〈갈까마귀〉, 〈헬렌에게〉 등에서 죽음·미·우수를 테마로 하는 극히 음악적인 서정시를 지었다. 또한 〈검은 고양이〉, 〈황금 풍뎅이〉 등의 소설도 남겼다.

## 애너벨 리

오래고 또 오랜 옛날
바닷가 어느 왕국에
여러분이 아실지도 모를 한 소녀
애너벨 리가 살고 있었다.
너만을 생각하고 나만을 사랑하니
그 밖에는 아무 딴 생각이 없었다.

나는 아이였고 그녀도 아이였으나,
바닷가 이 왕국 안에서
우리는 사랑 중 사랑으로 사랑했으나
나와 나의 애너벨 리는
날개 돋친 하늘의 천사조차도
샘낼 만큼 그렇게 사랑하였다.

분명 그것으로 해서 오랜 옛날
바닷가 이 왕국에
구름으로부터 바람이 불어왔고

내 아름다운 애너벨 리를 싸늘하게 하여
그녀의 훌륭한 친척들이 몰려와
내게서 그녀를 데려가 버렸고
바닷가 이 왕국 안에 자리한
무덤 속에 가두고 말았다.

우리의 절반도 행복을 못 가진 천사들이
하늘에서 우리를 샘낸 것이었다.
아무렴! 그것이 이유였었다.
(바닷가 이 왕국에선 모두가 아시다시피)
밤 사이에 바람이 구름에서 불어와
나의 애너벨 리를 싸늘하게 죽인 것은.

하지만 우리의 사랑은 훨씬 강했다.
우리보다 나이든 사람들의 사랑보다도
우리보다 현명한 사람들의 사랑보다도
그로 해서 하늘의 천사들도
바다 밑에 웅크린 악마들도
아름다운 애너벨 리의 영혼으로부터
내 영혼을 갈라 놓을 수는 없었다.

그러기에 달빛이 비칠 때면
아름다운 애너벨 리의 꿈을 꾸게 되고
별빛이 떠오를 때 나는
아름다운 애너벨 리의 눈동자를 느낀다.

하여, 나는 밤새도록 내 사랑, 내 사랑
내 생명, 내 신부 곁에 눕노니
거기 바닷가 무덤 안에
물결치는 바닷가 그녀의 무덤 곁에.

## 모리스 — Johm Ferederic Denison Moris

1802~1864년. 미국의 시인. 필라델피아에서 출생. 《뉴욕 밀러》지의 편집일에 종사하면서 서정시를 발표하였다.

## 나무꾼이여, 나무를 베지 마라

나무꾼이여, 나무를 베지 마라!
그 가지에조차 손대지 말아라!
그 나무는 어린 나를 보호해 주었다.
그러니 이번에는 내가 보호해야 한다.
그 나무는 나의 할아버지의 손으로
할아버지의 집 근처에 심었던 나무다.
그러니 나무꾼이여,
그 나무는 그대로 두어야 함에
도끼로 상처를 내서는 안 된다.

저 그리운 고목이 지니고 있는
그 영광과 명성은
세상에 널리 전해지고 있는데
그것을 너는 잘라 쓰러뜨리려 하는가?
나무꾼이여, 도끼질은 잠시 참아라!
대지에 결부된 굴레를 끊지 마라.
자, 저 떡갈나무 고목만은
이제 하늘에 솟아 있는 저 나무만은 그대로 두라!

내가 아직 어린이였을 무렵,
그 나무에서 고마운 그늘을 찾았고
우러나오는 기쁨에 젖어 여기서 놀았고,
누이동생들 역시 여기서 놀았었다.
어머니가 입맞춤해 준 것도 여기요
아버지가 나의 손을 힘껏 쥐며…….
어리석게도 옛날을 생각하며 이렇게 눈물 흘린다.
어쨌든 저 고목 떡갈나무만은 그대로 두라!

내 마음을 실은 나무껍질처럼
옛 친구여, 내게 얽히어 있다.
여기서 새로 하여금 노래하게 하고
네 가지를 에워싸게 하자.
고목이여!
계속 용감하게 폭풍과 맞서라.
그리고 나무꾼아, 거기에서 떠나라!
내 구원의 손이 있는 한
네 도끼로 상처내게 하지는 않으련다.

**에머슨** Ralph Waldo Emerson

1803~1882년. 미국의 시인. '초절주의'라는 도덕적 이상주의를 주장한 미국의 대표적인 사상가이자 시인으로서 철학적인 시에 뛰어났고, 동양 사상의 영향을 보여 주는 《브라마》, 《나날》 등의 작품이 유명하다.

# 로도라 꽃

5월, 바닷바람이 우리 사는 벽지에 불어들 무렵,
나는 숲에서 갓 피어난 로도라 꽃을 보았나니
습지의 한 구석에 그 잎 없는 꽃을 많이 피워
들판과 느릿하게 흐르는 강물에 기쁨을 주고 있다.
웅덩이에 떨어진 보라색 꽃잎은
시커먼 물을 그 예쁜 빛깔로 환하게 하였다.
여기에는 붉은 새가 깃을 식히러 와서
새의 차림을 무색케 하는 그 꽃을 사모하리라.
로도라 꽃이여,
만일 세상의 현자들이 네게
왜 이런 아름다움을 땅과 하늘에 낭비하는가 하면
이렇게 말하라――만일 눈이 보라고 만들어졌다면
아름다움은 그것 자체가 존재의 이유라고.
왜 여기에 피었느냐, 오오 장미의 경쟁자여
나는 그 질문을 할 생각도 없었고 알지도 못했다.
오직 단순한 무지로 해서 이렇게 생각한다.
여기에 나를 생기게 만든 힘이
너를 생겨나게 했을 것이다, 라고.

1807~1882년. 미국의 가장 인기 있었던 시인. 롱펠로는 미국 메인 주의 포틀랜드에서 출생하였다.

롱펠로는 조숙한 천재 시인으로서 13세 때 이미 지방 신문에 시를 게재하였고, 온 세계에 수많은 열렬한 팬을 확보하게 될 때까지 계속해서 애창할 만한 작품들을 발표하였다. 독창성과 깊이는 없으나 유럽 대륙의 민요를 번역하여 미국 대중에게 전달한 공적이 크다.

## 인생 찬가

슬픈 사연으로 내게 말하지 말아라,
인생은 한갓 헛된 꿈에 불과하다고.
잠자는 영혼은 죽은 것이어니
만물의 외양의 모습 그대로가 아니다.

인생은 진실이다! 인생은 진지하다.
무덤이 그 종말이 될 수는 없다.
"너는 흙이니 흙으로 돌아가라."
이 말은 영혼에 대해 한 말은 아니다.

우리가 가야 할 곳, 또한 가는 길은
향락도 아니요 슬픔도 아니다.
저마다 내일이 오늘보다 낫도록
행동하는 그것이 목적이요 길이다.

예술은 길고 세월은 빨리 간다.

우리의 심장은 튼튼하고 용감하나
싸맨 북소리처럼 둔탁하게
무덤 향한 장송곡을 치고 있나니.

이 세상 넓고 넓은 싸움터에서
인생의 노영 안에서
발 없이 쫓기는 짐승처럼 되지 말고
싸움에 이기는 영웅이 되라.

아무리 즐거워도 '미래'를 믿지 마라!
죽은 '과거'는 죽은 채 매장하라!
활동하라, 살아 있는 '현재'에 활동하라!
안에는 마음이, 위에는 하느님이 있다.

위인들의 생애는 우리를 깨우치느니,
우리도 장엄한 삶을 이룰 수 있고,
우리가 떠나간 시간의 모래 위에
발자취를 남길 수가 있느니라.

그 발자취는 뒷날에 다른 사람이
장엄한 인생의 바다를 건너가다가,
파선되어 버려진 형제가 보고
다시금 용기를 얻게 될지니.

우리 모두 일어나 일하지 않으려나.

어떤 운명이든 이겨낼 용기를 지니고,
끊임없이 성취하고 추구하면서
일하며 기다림을 배우지 않으려나.

## 화살과 노래

나는 공중을 향해 화살을 쏘았으나
화살은 땅에 떨어져 간 곳이 없었다.
재빨리 날아가는 화살의 그 자취,
그 누가 빠름을 뒤따를 수 있으랴.

나는 공중을 향해 노래를 불렀으나,
노래는 땅에 떨어져 간 곳이 없었다.
그 누가 날카롭고 강한 눈이 있어
날아가는 그 노래를 따를 것이랴.

세월이 흐른 뒤 참나무 밑둥에
그 화살은 성한 채 꽂혀 있었고,
그 노래는 처음에서 끝 구절까지
친구의 가슴속에 숨어 있었다.

## 휘트먼 Walt Whitman

1869~1892년. 미국의 시인. 1855년에 개성적인 12편의 시를 수록한 《풀잎》의 초판을 발행하면서 유명해졌다. 《풀잎》은 그의 대표작일 뿐만 아니라, 미국의 흙에 뿌리를 내린 미국문학의 선구적 작품이다. 그러나 형식이나 내용 면에서 당시로서는 너무 독창적이며 대담하고 혁명적이었기 때문에 비난을 받기도 했다.

# 풀 잎

한 아이가 두 손에 잔뜩 풀을 들고서
"풀은 무엇인가요?" 하고 내게 묻는다.
내 어찌 그 물음에 대답할 수 있겠는가,
나도 그 아이처럼 그것이 무엇인지 알 수 없는 것이다.
나는 그것이 필연코 희망의 푸른 천으로 짜여진
내 천성의 깃발일 것이라고 생각한다.
아니면, 그것은 주님의 손수건이나,
하느님이 일부러 떨어뜨린 향기로운 기념품일 터이고,
소유자의 이름이 어느 구석에 적혀 있어,
우리가 보고서 '누구의 것' 이라 알 수 있는 것이다.
또한 나는 추측하노니──풀은 그 자체가
어린아이, 식물에서 나온 어린아이일지 모른다.
또한 그것은 모양이 한결같은 상형문자일 테고
넓은 지역에서나 좁은 지역에서도 싹트고,
흑인과 백인, 캐나다 인, 버지니아 인, 국회의원, 검둥이
나는 그들에게 그것을 주고 또한 받는다.
또한 그것은 무덤에 돋아 있는 깎지 않은

아름다운 머리털이라고 생각하기도 한다.
너 부드러운 풀이여, 나 너를 고이 다루나니
너는 젊은이의 가슴에서 싹트는지도 모를 일이요
내 만일 그들을 미리 알았더라면,
그들을 사랑했을지도 모를 일이다.
어쩌면 너는 노인들이나, 생후에 어머니의
무릎에서 떼낸 갓난아이에게서 나오는지도 모르는 것,
자, 그리고 여기에 그 어머니의 무릎이 있다.
이 풀은 늙은 어머니들의 흰머리로부터
나온 것치고는 너무나도 검으니,
노인의 빛바랜 수염보다도 검고,
연분홍 입천장에서 나온 것으로 치더라도 너무나 검다.
아, 나는 결국 그 숱한 발언들을 이해하나니,
그 발언들이 아무런 뜻 없이 입천장에서
나오지는 않는다는 사실을 또한 알고 있는 것이다.
젊어서 죽은 남녀에 관한 암시를
풀어낼 수 있으면 좋겠다고 생각하며, 그뿐만 아니라,
노인들과 어머니 그리고 그들의 무릎에서
떼어 낸 갓난아이들에 관한 암시도 풀어냈으면 싶다.
그 젊은이와 늙은이가 어떻게 되었다 생각하며,
여자들과 어린아이들이 어떻게 되었다 생각하는가.
그들은 어딘가에 살아 잘 지내고 있을 터이고,
아무리 작은 싹이라도 그것은 진정
죽음이란 존재하지 않음을 표시해 주고 있는 것일지니,
만일에 죽음이 있다면 그것은 삶을 추진하는 것이지

종점에서 기다렸다가 삶을 붙잡는 것은 아니다.
만물은 전진하고 또 전진할 뿐 죽은 것은 없고,
죽음은 사람의 상상과는 달리 행복한 것이다.

# 오오 선장, 나의 선장이여

오오 선장, 나의 선장이여! 무서운 항해는 끝났다.
배는 온갖 난관을 헤치고, 찾던 불치도 획득하였다.
항구는 가깝다. 종소리와 사람들의 함성이 들린다.
바라보면 우람한 용골돌기, 엄숙하고 웅장한 배
그러나 오오 선장이여! 선장이여! 선장이여!
오오, 뚝뚝 떨어지는 붉은 핏방울이여,
싸늘하게 죽어 누워 있는
우리 선장의 쓰러진 갑판 위

오오 선장, 나의 선장이여! 일어나 종소리 들으시오.
일어나시라, 깃발은 당신 위해 펄럭이고
나팔은 당신 위해 울리고 있다.
꽃다발과 리본으로 장식한 화환도 당신을 위함이오.
당신 위해 해안에 모여든 무리
그들은 당신을 부르며,
동요하는 무리의 진지한 얼굴과 얼굴
자, 선장이여! 사랑하는 아버지여!
내 팔을 당신의 머리 아래 놓으시오.
이것은 꿈이리라. 갑판 위에
당신이 싸늘하게 죽어 쓰러지시다니
우리 선장은 대답이 없고, 그 입술은
창백하게 닫힌 채 움직이지 않는다.
우리 아버지는 내 팔을 느끼지 못하고,

맥박도 뛰지 않고 의지도 없으시다.
배는 안전하게 단단히 닻을 내렸고, 항해는 끝났다.
무서운 항해에서 승리의 배는
쟁취한 전리품을 싣고 돌아온다.
환희하라, 오오 해안이여! 울려라, 오오 종이여!
그러나 나는 슬픔 겨운 발걸음으로
싸늘하게 죽어 쓰러져 있는
우리 선장이 잠든 갑판을 밟는다.

## R.프로스트 Robert Lee Frost

1876~1963년. 미국의 시인. 샌프란시스코 출생.
초기 시집인 《소년의 의지》와 《보스턴의 북쪽》은 영국에서 출판되었다. 〈자작나무〉, 〈사과를 딴 후에〉, 〈진흙 시간의 두 방랑자〉 등의 작품이 유명하며, 국민적인 시인으로서 존경을 받게 되었다.

## 눈 내리는 저녁 숲가에 서서

이것이 누구의 숲인지 나는 알겠다.
물론 그의 집은 마을에 있지만
그는 내가 여기 서서 눈이 가득 쌓이는
자기 숲을 보고 있음을 못 볼 것이다.

내 작은 말은, 근처에 농가도 없고
숲과 얼어붙은 호수 사이에
한 해의 가장 어두운 저녁에
서 있음을 이상하게 여길 것이다.

내 작은 말은 방울을 흔들어
무슨 잘못이라도 있는지 묻는다
다른 소리라고는 다만 스쳐가는
조용한 바람과 솜털 같은 눈송이뿐.

아름답고 어둡고 아늑한 숲 속
그러나 내게는 지켜야 할 약속이 있고,

자기 전에 가야 할 먼 길이 있다.
자기 전에 가야 할 먼 길이 있다.

# 가지 않은 길

황색 숲 속에 두 갈래 길이 있었습니다.
안타깝게도 나는 두 길을 갈 수 없는
한 사람의 나그네로 오랫동안 서서
한 길이 덤불 속으로 꺾여 내려간 데까지
바라볼 수 있는 데까지 멀리 보았습니다.

그리고 똑같이 아름다운 다른 길을 택했습니다.
그럴 만한 이유가 있었습니다. 거기에는
풀이 더 우거지고 사람이 걸은 자취가 적었습니다.
하지만 그 길을 걸음으로써
그 길도 거의 같아질 것입니다만.
그날 아침 두 길에는 낙엽을 밟은 자취 적어
아무에게도 더럽혀지지 않은 채 묻혀 있었습니다.
아, 나는 뒷날을 위해 한 길은 남겨 두었습니다.
길은 다른 길에 이어져 끝이 없었으므로
내가 다시 여기 돌아올 것을 의심하면서.

먼 훗날에 나는 어디에선가
한숨을 쉬며 이 이야기를 할 것입니다.
숲 속에 두 갈래 길이 갈라져 있었다고,
나는 사람이 적게 간 길을 택하였고
그것으로 해서 모든 것이 달라졌다고.

## 커밍스 _Edward Estlin Commings_

1894~1962년. 미국의 시인. 미국에서 태어난 커밍스는 프랑스로 건너가, 자유롭고 낙관적인 문화적 분위기를 몸에 익히고 귀국하였다.
그의 초기 시집 《튤립과 굴뚝》은 그 결과 생겨난 산물로서, 프랑스 어의 타이틀과 수법이 많이 활용되고 있다.

# 내가 아직 가 본 일 없는 곳에서

내가 아직 가 본 일 없는 어느 멋진 곳에서
경험을 초월한 거기서 그대 눈은 침묵을 지킨다.
그대의 귀여운 동작은 나를 감싸고,
그보다도 너무 가까워 내가 손 닿지 못하니

그대의 가냘픈 눈짓도 나를 나른케 만들고
아무리 손가락처럼 자기를 폐쇄하고 있어도
마치 봄이 교묘히 닿아서
이상하게 이른 장미를 열게 하듯이
한 개 한 개 나를 열게 하는 것이다.
그보다도 그대의 바람이 나를 닫는 것이라면
나뿐 아니라 내 인생도 아름답게 갑자기 닫히리니
마치 꽃가루가 주위에 살며시 내리는
저 눈을 느낄 수 있음과 같이.

이 세계에서 볼 수 있는 그 어떤 것도
그대의 거센 약함의 힘을 이길 수가 없나니

그 느낌은 아름다운 전원 빛깔로 내 마음을 붙잡고
숨쉴 때마다 죽음과 영원을 교대로 주며

그대의 감았다 떴다 하는 것이 무엇인지 모르나
내 마음의 무엇인가를 알고 있는
그대 눈의 소리가 모든 장미보다 깊음을
비나 그 무엇도 이런 예쁜 손은 아니다.

## 티즈데일 Sara Teasdale

1884~1933년. 미국의 시인. 섬세하고 감미로운 서정시로 유명하다. 티즈테일 시 세계의 특징은 일상 생활을 애수 어린 시어로 표현하여 독자로 하여금 공감하게 하는 데 있다. 주요 작품으로 〈두스에게 보내는 소네트 외〉, 〈바다로 흐르는 강〉, 〈사랑의 노래〉등이 있다.

# 잊어버립시다

꽃을 잊는 것처럼 잊어버립시다.
한때 세차게 타오르던 불을 잊듯이
영원히 영원히 아주 잊어버립시다.
세월은 고맙게도 우리를 늙게 하오.

누가 만일 물으면 이렇게 말합시다.
그건 벌써 오래 전에 잊었노라고.
꽃처럼 불처럼, 또는 오래 전 잊고 만
눈 속에 사라진 발자국처럼 잊었다고.

## 5월의 바람

열린 문을 굳게 닫아 버리듯
나는 내 가슴의 문을 닫았다.
사랑이 그 안에서 굶주리어
나를 더 성가시게 굴지 못하게.
이윽고 저 지붕 너머에서
5월의 따사로운 바람 불어오고,
거리에서 연주하는 피아노 소리
난간으로 한 곡조 불리어 왔다.
내 방은 해 비춰 밝고 밝은데
사랑은 내 안에서 소리지른다.
"나는 아직 튼튼해, 놓아 주지 않으면
그대의 가슴을 부숴 버리고 말 테야."

1885~1971년. 미국의 시인. 섬세한 언어 감각을 가지고 시를 순수하게 언어 예술로 추구하였다. 그의 시에는 곧잘 고전에의 암시나 비유 또는 패러디가 미묘하게 얽혀 있는데, 엘리엇이 그를 가리켜 '뛰어난 시인'이라고 부르고 있는 바와 같이 언어를 정교하게 사용하는 기교의 소유자이다.

# 부도덕

사랑과 게으름을 노래하느니
그 밖에 가질 것은 없느니라.


내 비록 여러 나라에 살아 봤지만
사는 데 다른 것은 없느니라.


장미 꽃잎은 슬픔에도 시든다지만
나는 애인이나 차지하겠노라.


만인이 믿지 못할 위대한 짓을
항아리 같은 데서 하기보다는.

1878~1967년. 미국의 시인. 《시카고 시집》을 발표하여 미국의 일류 시인으로서 확고 부동한 지위를 차지하게 되었다. 〈시카고〉는 시카고라는 근대도시를 대담하고 솔직하게 취급, 부두 노동자나 트럭 운전사들이 쓰는 속어나 비어까지도 시에 도입, 전통적인 시어에 집착하는 사람들에게 충격을 주었다.

# 시카고

세계를 위한 돼지 도살자,
연장의 제작자, 밀을 쌓아올리는 자,
철도 도박사, 온 나라의 화물 취급자,
떠들썩하고 꺼칠한 목소리에 와자지껄한
어깨가 딱 벌어진 건장한 도시.

사람들은 너를 가리켜 악의 도시라 하고,
나도 그렇게 생각한다.
짙은 화장을 한 너의 여인들이 가스등 밑에서
시골에서 올라온 젊은이들을
유혹하는 것을 나는 보았다.
사람들은 너를 가리켜 흉악한 도시라 하고,
나도 그렇게 생각한다.
갱이 사람을 죽이고,
또한 사람을 죽이기 위하여
석방되어 가는 것을 나는 분명히 보았다.
사람들은 너를 가리켜 잔인하다고 하고,

나 또한 그렇게 생각한다.
부녀자와 어린이들의 얼굴에 심한 굶주림이
깃들어 있는 것을 나는 보았다.
이렇게 대답하고 나서
이 도시를 비웃는 사람들을 향해 다시 한 번
비웃음을 돌린 뒤 나는 이렇게 말한다.
이처럼 잔뜩 고개를 쳐들고,
활발하면서 조잡하며, 그리고 교활하다는 사실을
이렇듯 자랑스럽게 노래하고 있는 도시가
달리 있다면 어서 내게 보여 다오.
일에 뒤이어 일이 겹치는 고역 속에서
매력 있는 욕지거리를 퍼부으며,
조그맣고 연약한 다른 도시와는 전혀 성격이 다른
키 큰 강타자가 여기에 있다.
공격을 하려고 혀를 날름거리는 개와도 같이 사납고,
황야와 투쟁하고 있는 야만인처럼 교묘하게
맨대가리로
삽질을 하며
파괴하고
계획하고
건설하고, 부수고, 다시 건설하고
매연에 싸여 입은 온통 먼지투성이가 된 채
하얀 이를 드러내며 웃고 있고,
운명의 가혹한 무거운 짐 아래서 청년처럼 웃으며
전쟁에 패해 본 일이 없는

어수룩한 전사들처럼 웃고 있으며,
그 손목 아래에는 국민의 맥박이 있고,
자기 늑골 아래에는 국민의 심장이 있음을
자랑스럽게 웃으면서,
껄껄거린다!
반나체로 땀을 흘리면서, 돼지의 도살자이며,
연장의 제작자, 밀을 쌓아올리는 자,
철도 도박사, 온 나라의 화물 취급자임을
자랑스럽게 생각하며,
청년과 같이 떠들썩하게
꺼칠한 목소리로 웃고 있다.

## 오 든  Francois Villon

1907~1973년. 미국의 시인. 미국에 귀화한 영국 태생의 시인으로 T.S.엘리엇 이후 최대의 시인으로 꼽힌다. 1930년대에 과격한 발언과 실험적 시법의 개척으로 알려진 이른바 '1930년대 시인'의 중심인물로서 크게 활약하였다. 작품으로는 〈새해의 편지〉, 〈한동안〉, 〈불안의 시대〉 등이 있다.

# 어느 날 저녁 외출하여

어느날 저녁 외출하여
브리스 거리를 거닐었을 때
포도 위의 군중들은
수확철의 밀밭이었다.

넘칠 듯한 강가를 거닐었을 때
한 애인이 철로 아치 아래서
노래하는 것을 나는 들었다.
사랑은 영원하여라.

그대여, 나는 그대를 사랑, 사랑하리라.
중국과 아프리카가 합쳐질 때까지
강이 산을 뛰어넘고
연어가 거리에서 노래할 때까지

나는 사랑하리라,
바다가 겹쳐서 매달려 마를 때까지

그리고 일곱 별들이 하늘을 회전하며
거위처럼 꺼억꺼억 울게 될 때까지
세월은 토끼처럼 뛸 것이다.
내 두 팔 안에 세월의 꽃과
세계의 첫사랑이
안기어 있으니.

그러나 거리의 시계들은 모두가
윙 하고 돌면서 울리기 시작한다.
아, 시간에 속지 말지니라.
너희는 시간을 정복할 수가 없다.

공정이 드러나 있는
악몽의 흙더미 속에서
시간은 그늘에서 바라보며
너희가 키스할 때 기침을 한다.

두통과 근심 속에서
생명은 부지중에 새어 나간다.
그리고 시간은 망상을 한다.
내일이니 오늘이니.

여러 푸른 골짜기에
무섭게 눈이 뒤덮인다.
시간은 얽힌 춤을 부수고

잠수부의 빛나는 몸을 부순다.

아, 너의 손을 물 속에 잠그라.
두 손을 손목까지 잠그라.
들여다보라, 그 물그릇을 들여다보라.
그리고 보지 못한 것이 무엇인가 생각하라.

빙하가 찬장에서 덜컹덜컹 울고
사막이 침대에서 한숨짓는다.
찻주전자의 터진 금은
죽음의 나라로 가는 입구이다.

거기서는 거지가 지폐를 걸고
거인은 잭을 홀리게 한다.
백설 소년이 큰 소리로 외치고
질은 누워서 미끄러져 떨어진다.

아아, 그 거울을 들여다보라.
거기 비친 네 불행을 들여다보라.
사람에게 축복은 줄 수 없어도
살고 있다는 것은 역시 행복하다.

아아, 어서 창문가에 서 보아라.
흐르는 눈물이 볼을 타고 내릴 때
그대의 그 비뚤어진 마음이

비뚤어진 이웃을 사랑할 때이다.

이미 밤도 아주 깊어 버렸고
연인들도 돌아가 버리고 말았다.
시계도 이제는 울기를 멈추었고
강물은 깊숙하게 변함없이 흐른다.

1799~1837년. 러시아의 시인. 서구문학을 모방한 귀족문학을 넘어 진실한 러시아 정신, 러시아 사회의 현실적인 모습을 제시함으로써 러시아에 국민문학을 창시하였다. 러시아 어의 문학어와 독자적인 예술 형식을 후세에 남겨 놓은 그의 공적은 영원하다 할 수 있다. 주요 작품으로 〈차다예프에게〉, 〈농촌〉, 〈루슬란과 류트밀라〉 등이 있다.

## 삶이 그대를 속일지라도

삶이 그대를 속일지라도
슬퍼하거나 노하지 말라.
슬픈 날엔 참고 견디면
즐거운 날이 올 것이니.

마음은 미래를 바라느니
현재는 한없이 우울한 것
모든 것 하염없이 사라지나
지나가 버리면 그리움이 되리니.

## 네크라소프 Nikolai Alekseevich NeKrasov

1821~1878년. 러시아의 시인. 19세기 중엽의 '참회하는 귀족'의 대변자로서 문단에 나타난 네크라소프는 인간 생활의 고뇌를 비극적인 장시 〈러시아의 여인들〉, 농노제도를 풍자적으로 묘사한 〈러시아에서는 누가 행복한가〉 등의 많은 시를 남겼다. 그의 시는 귀족적이면서도 민중의 일상어를 훌륭하게 구사함으로써 지금까지도 일반 대중들의 사랑을 받고 있다.

# 기도의 노래

주여! 이 백성에게 복을 내려 주옵소서!
백성의 이마에 맺힌 땀을 축복하시고,
백성의 자유를 굳혀 주옵시며,
백성을 위해 정당한 재판을 하게 하소서!

바라옵나니 좋은 계획의 시작을 축복하사
그것이 자유롭게 뻗어 나가게 하기 위해
백성에게 지식의 목마름을 해갈시키시고
지식의 올바른 길을 보여 주옵소서!

바라옵나니 노예의 쇠사슬로부터
당신의 선택하신 사람들을 구해 내소서.
러시아에서의 계몽 깃발을, 주여,
바라옵나니 그들의 손에 들려 주옵소서…….

단 테  Alghieri Dante

1265~1321년. 이탈리아의 시인. 중세의 가장 위대한 시인으로 꼽는다. 단테는 이탈리아의 전통 있는 가문에서 태어났으면서도 보잘것없는 생활을 계속했다. 교회의 도덕적 개혁을 희망하면서도 보니파키우스 8세의 희생물이 되어야 했던 그를 피렌체는 받아주지 않았다. 단테는 이 일체의 굴욕을 씻기 위하여 〈신곡〉을 지었다고 한다.

# 신 곡
──서곡 가운데 첫 대목

"프란체스카, 당신의 수난은
나로 하여금 슬프고 가슴 아프게 하여
눈물을 금할 길 없나이다.
말씀 좀 해주세요.
달콤한 사랑의 탄식을
지니고 계실 때 숨겨진 그 연정이
어떤 일로 어떠한 방법으로
표면화되는 것을 허용하셨는지."

그녀는 나에게 말하나니
"이 비운 속에서 행복했던 시절을
회상하는 것같이 더욱 뼈아픈 일은
없을 것입니다.
아마 그대의 스승께서도
이 점 이해하고 계실 줄 압니다.
그러나 우리들 사랑의 첫 뿌리를

그대 그리 알려고 애원하오니
흐느끼며 이야기하는 이같이
나 그대에게 말하겠어요.
어느 날 우리 둘은 아무 의도 없이
란치로토가 사랑에 빠진
이야기책을 읽고 있었지요
우리는 단둘이었고 아무 의심도 받지 않았지만
이야기를 읽어나가면서
서로 눈이 마주치고
그때마다 서로 얼굴을 붉혔답니다.
그러나 사랑하는 이가
그 애인의 미소짓는 입술에
그의 입을 대는 그 구절에 이르러
우리는 서로의 마음을
알게 되었으니,
그 후 내 곁을 떠날 수 없게 된 그이
그의 입술이 경련을 하면서
나의 입과 마주쳤나이다.
가로오토는 바로 그 책과
그 책을 쓴 이였으니,
그날은 더 이상 책 읽기를
계속할 수 없었나이다.”

이렇게 그녀가 이야기하는 동안
다른 한 혼은 흐느끼고 있었으니,

그 애처로움에 나는 마치
죽음을 앞에 둔 이 모양
눈물을 흘리며 마치 시체와 같이
거기에 쓰러졌노라.

## 페트라르카 Fransesco Petrarca

1304~1374년. 이탈리아의 시인이자 학자. 토스카나 주 아레초에서 태어나 볼로냐 대학 등에서 법학을 배웠으나 문학에 정진하였다. 유럽 전역을 여행하며 시를 썼고, 그의 〈칸초니에레〉와 《속어단편시집》에 실린 라우라에 대한 애정시는 14세기의 이탈리아를 대표하는 시다. 소네트는 하나의 형식으로 굳어 후대 시인들이 많이 모방하여 페트라르카 소네트라 불린다.

# 라우라에게 바치는 시

맑고 신선하고 달콤한 물이
흐르는 냇물가에
유일하게 나에게 여자라고 보이는
아름다운 그녀의
몸이 쉬고 있으니
그녀가 즐겁게 거기
아름다운 나무에 기대는 모습,
또는 잔디와 꽃밭이
그녀의 치마와 황홀한 앞가슴에 의하여
가볍게 덮이기도 하는 모습을
나는 슬픈 추억으로 기억하노라.
아름다운 사랑의 두 눈이
나의 가슴의 문을 열어 준
성스럽고 조용한 그곳
자, 들어 주세요, 나의
슬픔에 가득찬 연가를.

하늘이 도우셔서
만일 내가 이 사랑으로 인하여
이 세상을 떠나는 것이
나의 운명이라면
주여, 불쌍한 나의 육체가
이 곳에 묻히게 하시고
육체의 옷을 벗은 내 혼은
그의 갈 곳, 하늘로 데려가 주소서.
죽음의 관문을 지날 때
내 이 마지막 희망을 지닌다면
죽음의 두려움은 나에게서
멀리 떠나리라.
나의 가련한 육체가
휴식할 수 있고 조용히 머물 수 있는
이곳 이외의 곳에 갇히게 된다면,
내 지친 혼도 그 육체를
떠나 버리기 어려울 것이니.

베른손  Bjørnstjerne Bjørnson

1832~1910년. 노르웨이의 시인이자 소설가. 소설 〈양지 언덕의 소녀〉로 신문학의 기수 자리를 굳혔고, 뒤이어 〈아르네와 명랑한 소년〉을 발표하여 청춘 문학을 확립하였다. 시 작품은 그다지 많지 않으나 소설에다 많은 자작시를 삽입하여 민요풍의 리드미컬하고 소박한 시풍으로 많은 작품을 남겼다. 1900년에 노벨 문학상을 수상했다.

# 나는 생각하기를

나는 생각하기를 위대해져야겠다 해서
우선 고향을 떠나야 한다고 결심했다.
나는 이리하여 모든 것을 잊었다.
여행 떠날 생각에 사로잡혀서
그때 나는 한 소녀의 눈동자를 보았더니
먼 나라는 작아지면서
그녀와 함께 평화로이 사는 것이
인생 최고의 행복처럼 여겨졌다.

나는 생각하기를 위대해져야겠다 해서
우선 고향을 떠나야 한다고 결심했다.
이리하여 정신의 크나큰 모임에로
젊은 힘은 높이 용솟음쳤다.
하지만 그녀는 말없이 가르치기를
하느님이 주는 최대의 것은
유명해지거나 위대해지는 것이 아니라
올바른 사람이 되는 것이라 했다.

나는 생각하기를 위대해져야겠다 해서
우선 고향을 떠나야 한다고 생각했다.
나는 고향이 냉정함을 알고 있었고
내가 오해받고 소외되어 있음을 느꼈다.
하지만 그녀를 통해 내가 발견한 것은
만나는 사람의 눈마다 사랑이 있다는 것
모두가 기다린 것은 나였던 것이다!
그리고 인생은 새로워지게 되었다.

1889~1957년. 칠레의 여류 시인이며 외교관이다.
사랑으로 인해 하느작거리는 순박한 영혼의 속삭임과 영원한 생명의 찬가를 노래하여
'사랑의 시인'이라는 칭호를 받았다. 미스트랄 시의 특색은 열렬한 휴머니즘과 아름다
운 서정성이다. 1945년도에 노벨 문학상을 수상하였고, 주요 시집으로 《황폐》가 있다.


# 발라드

그이가 다른 사람과 함께
가는 것을 보았다.
바람은 여느 때처럼 부드러웠고
길은 여느 때처럼 고요한데
그이가 가는 것을 보았다.
이 불쌍한 눈이여,
꽃밭을 지나가며
그이는 그 사람을 사랑하였다.
신사꽃이 피었다.
노래가 지나간다.
꽃밭을 지나가며
그이는 그 사람을 사랑하였다.


해안에서
그이는 그 사람에게 입맞추었다.
레몬의 달이
물결 사이에서 희살하였다.

바다는 내 피로
붉게 물드는 일 없이

그이는 영원히
그 사람 곁에 있다.
감미로운 하늘이 있다.
(신은 괴로움을 주신다.)
그이는 영원히
그 사람 곁에 있다.

## 네루다 Pablo Neruda

1904~1973년. 칠레의 시인. 파랄에서 출생. 네루다의 시는 초현실주의에서 나타나는 무의식적 이미지와 격렬한 감정 표현, 개인적인 상징을 많이 사용하고 있어서 이해하기가 어렵다. 하지만 네루다는 작품을 통해 우주의 혼돈이 갖는 의미를 독자와 나누고자 했다. 20세도 되기 전에 시집을 여러 권 출판했다. 《황혼의 시집》, 《스무 편의 사랑의 시와 한 편의 절망의 노래》, 《지상의 거처》와 같은 시집이 유명하다. 1971년에 노벨 문학상을 수상하였다.

# 젊 음

길가에 서 있는 자두나무 가지로 만든
매운 칼 같은 냄새,
입에 들어온 설탕 같은 키스들,
손가락 끝에서 미끄러지는 생기의 방울들,
달콤한 성적 과일,
안뜰, 건초더미, 으슥한
집들 속에 숨어 있는 마음 설레는 방들,
지난날 속에 잠자고 있는 요들,
높은 데서, 숨겨진 창에서 바라본
야생 초록의 골짜기
빗속에서 뒤집어엎은 램프처럼
탁탁 튀며 타오르는 한창때

## 타고르 · Rabindranath Tagore

1861~1941년. 인도의 시인. 캘커타 출생. 타고르는 벵골 어로, 작품을 썼고, 〈기탈잘리〉 등 시집을 비롯하여 소설, 희곡, 수필 등을 실은 26권에 이르는 작품집을 남겼다. 그는 또 2,000곡 이상의 노래를 지었다.
타고르가 인도국민회의를 위해 지은 노래는 오늘날 인도의 국가가 되었고, 〈아마르 소나르 방글라〉라는 또 다른 노래는 방글라데시의 국가가 되었다. 타고르는 1913년에 노벨 문학상을 수상하였다.

## 바닷가에

아득한 나라 바닷가에 아이들이 모였습니다.
끝없는 하늘은 그림처럼 고요하고, 물결은 쉴새없이 남실거립니다.
아득한 나라 바닷가에 소리치며 뜀뛰며 아이들이 모였습니다.

모래성 쌓는 아이, 조개 껍질 줍는 아이,
마른 나뭇잎으로 배를 접어 웃으면서 드넓은 바다로 띄워 보내는 아이,
모두들 바닷가에서 재미나게 놉니다.

그들은 헤엄칠 줄도 모르고, 고기잡이할 줄도 모릅니다.
어른들은 진주 캐고 상인들은 배를 타고 오고 가지만,
아이들은 조약돌을 모으고 또 던질 뿐입니다.
그들은 보물에도 욕심이 없고, 고기잡이할 줄도 모른답니다.

바다는 깔깔대며 부서지고, 기슭은 흰 이를 드러내어 웃습니다.
죽음을 지닌 파도도 자장가 부르는 엄마처럼 예쁜 노래를 들려 줍

니다.
바다는 아이들과 함께 놀고, 기슭은 흰 이를 드러내어 웃습니다.

아득한 나라 바닷가에 아이들이 모였습니다.
하늘에 폭풍 일고, 물 위에 배는 엎어지며, 죽음이 배 위에 있지만,
아이들은 놉니다.
아득한 나라 바닷가는 아이들의 큰 놀이터입니다.

# 동방의 등불

일찍이 아시아의 황금 시기에
빛나던 등불의 하나였던 코리아,
그 등불 다시 한 번 켜지는 날에
너는 동방의 밝은 빛이 되리라.
마음에는 두려움이 없고
머리는 높이 쳐들린 곳,
지식은 자유스럽고
좁다란 담벽으로
세계가 조각조각 갈라지지 않는 곳,
진실의 깊은 속에서 말씀이 솟아나는 곳,
지성의 맑은 흐름이
굳어진 습관의 모래벌판에 길 잃지 않는 곳,
무한히 퍼져 나가는 생각과 행동으로
우리들의 마음이 인도되는 곳,
그러한 자유의 천국으로
내 마음의 조국 코리아여 깨어나소서.

## 도연명

365~ 427년. 중국 남북조시대 동진의 시인. 본명은 잠이고, 연명은 자이다.
도연명은 일부 문벌 귀족이 정권을 좌지우지하는 당시의 불합리한 현실에 불만을 느껴
관직을 버리고 전원으로 돌아가 은거하면서, 평생을 시와 술을 벗하며 유유자적한 생활
을 했다. 도연명은 시·문·사부에 두루 뛰어났는데, 소박하고 자연스러운 언어로 대상
을 평이하고 산뜻하게 표현하는 독특한 문풍을 지녔다. 대표 작품으로 〈도화원기〉, 〈귀
거래사〉, 〈귀원전거〉 등이 있다.

## 사계절

봄철의 물 사방 늪에 가득 찼고
여름 구름 산봉우리 이루었구나.
가을 달은 밝은 빛 두루 비추고
겨울 고개 외로운 소나무 빼어나도다.

## 권학시

한창 나이 다시는 오지 않는 법
하루에 새벽도 두 번 없는 법
젊을 때 마땅히 공부할지니
세월은 사람을 기다리지 않는다.

## 이 백

701~762년. 중국 당나라의 시인. 자는 태백, 호는 청련거사이다.

이백의 시는 상상력이 풍부하고 재기가 뛰어나며, 역사적인 인물이나 신화, 전설을 시로 승화시킨 점이 특징이다. 또한 대담한 환상이나 기이하고 특이한 과장을 통해 대상을 분명하게 부각시켜 뜨거운 감정을 표출했다. 시어가 맑고 깊이가 있으며, 풍격이 호방하고 기세가 드높다. 현재 약 천여 수의 시가 전해지고 있는데, 그 중에서 〈촉도난〉, 〈장진주〉, 〈망여산폭포〉, 〈고풍〉 등이 유명하다. 문집으로 《이태백》이 있다.

## 등 금릉봉황대

봉황대 위에 봉황새 노닐었으나
봉황새 사라지고 강물만 흘러가네.
옛 궁궐 터의 화초는 쓸쓸한 길에 묻혔고
진나라의 고관들도 땅 속에 묻혔네.
삼산의 윗 부분은 구름에 덮여 있고
강줄기 두 갈래는 백로주로 나뉘었네.
장안을 바라보니 뜬구름이 해를 가려
장안은 안 보이고 근심 어리게 하네.

## 추포가

백발의 길이는 무려 삼천 장
근심으로 저같이 길어졌는가.
알지 못하겠다, 거울 속 사람
어디서 서리를 얻어 왔는가.


## 산중 문답

그대에게 묻노니 어이 해서 산에 사는가.
웃고 대답 않으니 마음은 한가롭다.
시냇물에 복숭아꽃 아득히 흘러가니
정녕 다른 세계라, 인간 세상이 아니로다.


## 자야오가

장안도 한밤에 달은 밝은데
집집에 다듬이질 소리도 처량하다.
가을 바람 불고 불어 멎지 않으니
옥관의 정겨움을 일깨움이라
어느 날에나 오랑캐를 평정하여
님은 원정에서 돌아오시려나.

## 두 보

712~770년. 중국 당나라 시대의 시인. 자는 자미. 두보의 작품은 대부분 당시 통치 집단의 부정을 대담하게 폭로하고 백성의 고통과 사회의 모순을 날카롭게 반영했으며, 반란군에 대해서도 엄중한 비판을 했다. 특히 많은 작품을 통해 전성기에서 쇠퇴기로 옮아 가는 당나라의 역사 과정을 사실적으로 묘사했다.

두보는 고시와 율시에 뛰어났으며, 시풍에는 침울한 분위기가 짙다. 또한 시어가 정련되어 있고 고도의 시적 표현 능력을 갖추고 있어 후대 시인들에게 본보기가 되었다. 현재 1,400여 수의 시가 전하고 있다.

## 절 구

강물은 파랗고 새는 하얗고
산은 푸르고 꽃은 불탄다.
이 봄 헛되이 가고 마니
고향에는 언제 쯤이나 가게 될 것인가.

# 귀   안

봄에 와 있는 만리 밖의 나그네는
언제나 난이 그쳐 고향으로 돌아갈 것인가?
강성에 기러기 높이,
똑바로 북쪽을 향해 날아가매
나로 하여금 창자를 끊는구나.


# 춘   망

나라가 망하니 산과 강물만 있고
성 안의 봄에는 풀과 나무만 자라 있구나.

시절을 슬프게 여기니 꽃까지 눈물을 흘리게 하고
이별하였음을 슬퍼하니 새조차 마음을 놀라게 한다.

전쟁이 석 달을 이었으니
집의 소식은 만금보다 값지도다.

흰머리는 빗을수록 더욱 드물어져
다 모아도 비녀조차 꽂지 못할 것 같구나.

# 논술 길잡이
## (장편문학)

❶ T · S 엘리엇의 〈황무지〉는 1차 세계 대전 후 유럽의 신앙 부재와 정신적 황폐를 상징적으로 표현한 작품이다. 이 시의 전문을 찾아 읽고 느낀 점을 쓰라.

--------------------------------

--------------------------------

--------------------------------

--------------------------------

❷ 롱펠로의 〈화살과 노래〉에서 '화살'과 '노래'가 각각 의미하는 바가 무엇인지 생각해 보고 쓰라.

--------------------------------

--------------------------------

--------------------------------

--------------------------------

# 논술 길잡이
## (장편문학)

❸ 다음은 에드거 앨런 포의 시 〈애너벨 리〉의 한 구절이다. 에드거 앨런 포의 생애에 대해 조사해 보고 이 시와의 연관성을 찾아 써 보자.

> 우리의 절반도 행복을 못 가진 천사들이
> 하늘에서 우리를 샘낸 것이었다.
> 아무렴! 그것이 이유였었다.
> (바닷가 이 왕국에선 모두가 아시다시피)
> 밤 사이에 바람이 구름에서 불어와
> 나의 애너벨 리를 싸늘하게 죽인 것은.

# 논술 길잡이
## (장편문학)

❹ 프로메테우스는 그리스 신화에 등장하는 인물로 제우스가 감추어 둔 불을 훔쳐 인간에게 내줌으로써, 인간에게 맨 처음 문명을 가르친 장본인으로 알려져 있다. 괴테의 시 〈프로메테우스〉를 읽고 느낀 점을 논술하라.

.................................................................................

.................................................................................

.................................................................................

.................................................................................

❺ 시먼스의 〈사랑한 뒤에〉와 다우슨의 〈시나라〉는 모두 '사랑' 에 대해 노래하고 있지만 그 내용에 있어서는 분명한 차이를 드러내고 있다. 그 차이점에 대해 논술하라.

.................................................................................

.................................................................................

.................................................................................

.................................................................................

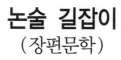

# 논술 길잡이
## (장편문학)

❻ 독일의 시인 횔덜린은 학창 시절의 여행과 가정 교사 자리를 위한 짧은 타지 생활을 제외하면 평생을 고향 라우펜에서 생활했다고 한다. 그는 〈고향〉이라는 시에서도 고향의 따뜻한 이미지에 대해서 표현했는데, 이처럼 오랜 세월동안 많은 시인들이 고향이라는 주제를 가지고 시를 쓰게 된 이유에 대해 자신의 생각을 써 보자.

# 논술 길잡이
## (장편문학)

❼ 다음은 헤세의 〈흰 구름〉의 전문이다. 자연을 아름답게 묘사하고 있는 이 시를 읽고 자신도 자연을 소재로 삼아 시를 한 편 지어 보자.

> 오오 보라, 흰 구름은 다시금
> 잊혀진 아름다운 노래의 희미한 멜로디처럼
> 푸른 하늘 저쪽으로 흘러간다!
>
> 기나긴 나그네길을 통해서
> 방랑과 슬픔과 기쁨을 한껏 맛본 자가 아니고는
> 저 구름의 마음을 알지 못한다.
>
> 나는 태양과 바다와 바람과 같이
> 하얀 것 정처 없는 것을 좋아하나니
> 그것들은 고향 떠난 나그네의
> 자매이며 천사이기 때문이다.

# 논술 길잡이
(장편문학)

❽ 다음은 이백이 지은 〈추포가〉의 전문이다. 이백이 이 시를 통하여 얘기하고자 하는 것이 무엇인지 생각해 보고 논술하라.

> 백발의 길이는 무려 삼천 장
> 근심으로 저같이 길어졌는가.
> 알지 못하겠다, 거울 속 사람
> 어디서 서리를 얻어 왔는가.

# 논·술·세·계·대·표·문·학 〈전60권〉

| | |
|---|---|
| 펴 낸 이 | 정재상 |
| 펴 낸 곳 | 훈민출판사 |
| 주　　소 | 경기도 고양시 덕양구 원당동 416번지 |
| 대 표 전 화 | (031)962-3888 |
| 팩　　스 | (031)962-9998 |
| 출 판 등 록 | 제395-2003-000042호 |